第二十七卷 译著八
【罗摩衍那（六上）】

季羡林全集

外语教学与研究出版社
北京

## 图书在版编目(CIP)数据

季羡林全集. 第27卷, 译著. 8, 罗摩衍那. 6. 上 / 季羡林著;《季羡林全集》编辑出版委员会编. — 北京:外语教学与研究出版社, 2010.7(2015.9 重印)

ISBN 978-7-5600-9806-7

I. 季… II. ①季… ②季… III. ①季羡林(1911~2009)—全集 ②史诗—印度—古代 IV. ①C52 ②I351.22

中国版本图书馆CIP数据核字(2010)第 131570 号

出 版 人:蔡剑峰
责任编辑:王　琳
特邀编辑:张彩梅
封面设计:牛茜茜
版式设计:姚　军
出版发行:外语教学与研究出版社
社　　址:北京市西三环北路19号 (100089)
网　　址:http://www.fltrp.com
印　　刷:北京盛通印刷股份有限公司
开　　本:650×980　1/16
印　　张:31.5　彩插:0.5
版　　次:2010年7月第1版　2015年9月第2次印刷
书　　号:ISBN 978-7-5600-9806-7
定　　价:79.00元
\* 　\* 　\*
如有印刷、装订质量问题,请与出版社联系
联系电话:(010)61207896　电子邮箱:zhijian@fltrp.com
制售盗版必究　举报查实奖励
版权保护办公室举报电话:(010)88817519
物料号:198060001

# 《季羡林全集》编辑出版委员会

### 专家委员会
（以姓氏笔画为序）

王邦维　张光璘　季　承　柴剑虹　钱文忠
郭良鋆　黄宝生　葛维钧　蔡德贵

### 出版委员会

郝　平　杨学义　李朋义　于春迟　蔡剑峰

### 编辑委员会

柴剑虹　孙晓林　赵伯陶　张彩梅　孙文颖
张　进　彭冬林　严学军　满兴远　王　琳

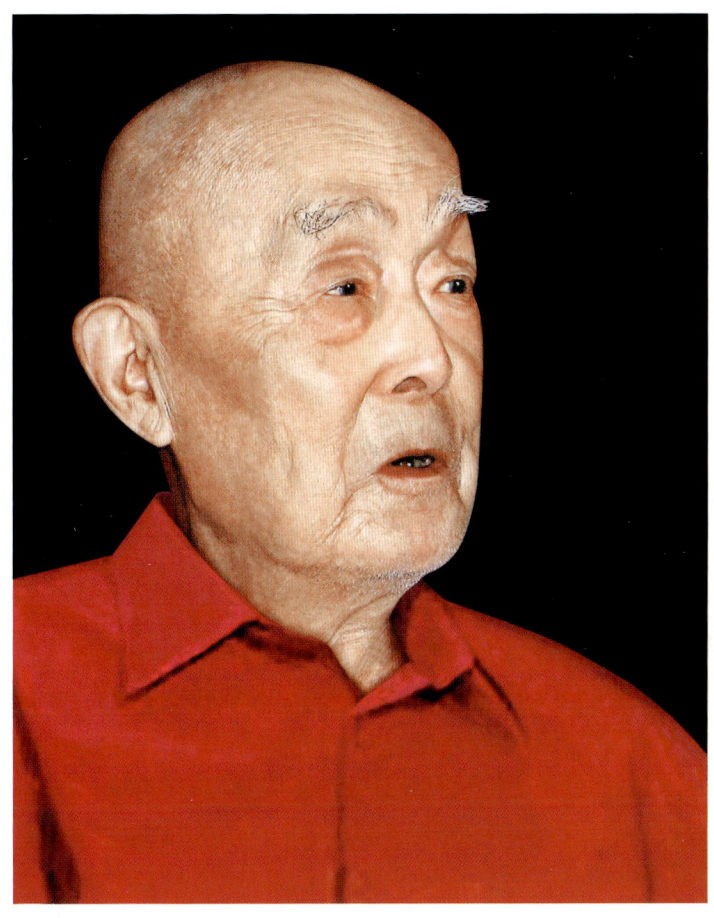

2006年8月,作者留影。(晓勇摄)

文化交流
中学西渐
弘扬和谐
全球共暖

乙酉孟春林西

2006年9月,作者获得中国翻译协会颁发的翻译文化终身成就奖。

2006年,作者受聘担任北京奥运会文化艺术顾问。

2006年12月,作者留影。

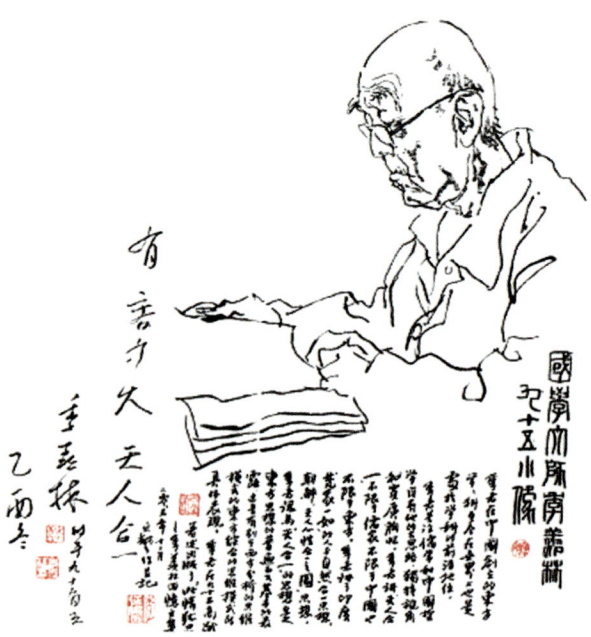

作者九十五岁小像。
(李延声作)

# 总　目

第　一　卷　　散文一【因梦集、天竺心影、朗润集、燕南集】
第　二　卷　　散文二【万泉集、小山集】
第　三　卷　　散文三
第　四　卷　　日记·回忆录一【清华园日记、留德十年】
第　五　卷　　回忆录二【牛棚杂忆、学海泛槎】
第　六　卷　　序跋
第　七　卷　　杂文及其他一
第　八　卷　　杂文及其他二
第　九　卷　　学术论著一【印度古代语言】
第　十　卷　　学术论著二【印度历史与文化】
第 十一 卷　　学术论著三【吐火罗文《弥勒会见记》译释】
第 十二 卷　　学术论著四【吐火罗文研究】
第 十三 卷　　学术论著五【中国文化与东西方文化（一）】
第 十四 卷　　学术论著六【中国文化与东西方文化（二）】
第 十五 卷　　学术论著七【佛教与佛教文化（一）】
第 十六 卷　　学术论著八【佛教与佛教文化（二）】
第 十七 卷　　学术论著九【比较文学与民间文学】
第 十八 卷　　学术论著十【糖史（一）】
第 十九 卷　　学术论著十一【糖史（二）】

第二十卷　　译著一【梵文及其他语种作品翻译（一）】
第二十一卷　　译著二【梵文及其他语种作品翻译（二）】
第二十二卷　　译著三【罗摩衍那（一）】
第二十三卷　　译著四【罗摩衍那（二）】
第二十四卷　　译著五【罗摩衍那（三）】
第二十五卷　　译著六【罗摩衍那（四）】
第二十六卷　　译著七【罗摩衍那（五）】
第二十七卷　　译著八【罗摩衍那（六上）】
第二十八卷　　译著九【罗摩衍那（六下）】
第二十九卷　　译著十【罗摩衍那（七）】
第 三 十 卷　　附编

# 出版说明

季羡林先生出生于1911年8月,山东临清人。1930年入清华大学西洋文学系,1934年毕业,1935年赴德国哥廷根大学主修印度学,1946年回国后聘为北京大学教授兼东方语言文学系主任。1956年当选中国科学院哲学与社会科学学部委员,1978年后曾任北京大学副校长,先后荣膺中国外国文学学会、中国南亚学会、中国外语教学研究会、中国语言学会、中国敦煌吐鲁番学会、中国亚非学会等多个学会的会长。先生一生致力于梵学、佛学、吐火罗文研究,并在中国文学、比较文学、文艺理论研究上颇多建树,成为我国当代学贯中西、声望卓著的大师。

季羡林先生自上世纪20年代起笔耕不辍,毕生著述千万余字。1996年,江西教育出版社出版《季羡林文集》,收录先生1929—1996年间各类著述,凡24卷。2007年,季羡林先生正式授权我社出版《季羡林全集》。在先生的亲自指导下,我社于2008年6月成立《季羡林全集》专家委员会和编辑出版委员会,并正式启动相关编纂工作。《全集》主要增补《文集》出版后至2008年间先生撰述的散文、杂文、序跋、讲话、日记、书评等。其中有先生自己编定的专集,如《牛棚杂忆》、《学海泛槎》,也有这次才得以汇总的各类单篇文章;有先生1996年以后的新作,也有上世纪二三十年代的旧文;有先生公开发表、出版的作品,也有少数未曾发表的文章。本次增补数百篇，约二百多万字。遵照先生嘱托，对目前尚未整理的信札、部分日记（如《北大日记》）不予收录。

在《全集》编纂和编辑过程中，我们力求既保持作品最初发表及修正定稿时的原貌，又注意根据现行语言文字规范要求订正少许文字与标点。某些字词（包括一些异形词）、标点的使用，根据作者"保留不同时期风貌"的意见，我们未作改动与统一。依据作品内容或体裁——分类编排，是编纂中最难准确把握的问题，好在有作者自己的认定和"编委会数人定则定矣"的授权，也都尽力争取做到大致不差。以往收编于各书经某些编者摘录、节选、改换题目、改写的文章，一经查核落实，一律不再重复收录。由别人代拟的贺词、序跋、讲话稿及采访记录等，除作者亲自审订、改定并认可发表者外，一律收入附编以供查考。本书各卷前所附图片，均由作者及其亲属或专家委员会成员提供。

季羡林先生学问博大精深，著述勤勉恒久，作品丰赡多姿并涉及多种语言文字，虽然我们在编纂工作中尽力仔细校核，但限于学养和编辑经验不足，仍难免存有差错与遗憾，真诚期望得到读者的批评指正。《全集》专家委员会和中华书局、江西教育出版社、季羡林研究所以及高鸿博士、段晴教授等对我们的编纂工作给予了无私的帮助，在此谨致谢意。

外语教学与研究出版社
2008年7月

# 第二十七卷说明

本卷收入作者译作《罗摩衍那》第六篇《战斗篇》(上)。

作者翻译《罗摩衍那》全书始于1973年,完稿于1983年,历时十载。译文依据印度巴罗达东方研究所出版的《罗摩衍那》精校本(1960—1975年),包括《童年篇》、《阿逾陀篇》、《森林篇》、《猴国篇》、《美妙篇》、《战斗篇》、《后篇》七篇。目录中对每一章的内容概述文字出自译者之手,在正文标题中不再出现。

《战斗篇》(上)于1984年由人民文学出版社出版,后经修订收入江西教育出版社《季羡林文集·第二十二卷》(1995年)。此次编入《季羡林全集》,特请黄宝生、郭良鋆两位先生重新审读,改正了少量文字与标点的错讹,在此致谢。

《季羡林全集》编辑委员会
2010年7月

# 目　录

## 第六篇　战斗篇（上）

本篇故事梗概 …………………………………………………… 3
第 一 章　罗摩祝贺哈奴曼。罗摩的恼烦。……………………… 9
第 二 章　须羯哩婆安慰罗摩。…………………………………… 13
第 三 章　哈奴曼向罗摩描述楞伽岛的形胜。…………………… 18
第 四 章　罗摩率大军南征，来到南海之滨。…………………… 25
第 五 章　罗摩忆念悉多，忧伤难忍。…………………………… 43
第 六 章　罗波那把罗刹们召来，征询他们的意见。…………… 48
第 七 章　罗刹们鼓动罗波那与罗摩搏斗，提醒他不要忘记
　　　　　过去的伟绩。………………………………………… 52
第 八 章　罗波那的将军们大肆吹嘘自己。……………………… 56
第 九 章　维毗沙那劝罗波那交出悉多，同罗摩言归于好。…… 60
第 十 章　罗波那痛斥维毗沙那，维毗沙那不辞而别。………… 65
第十一章　猴子头领们对维毗沙那窃窃私议。…………………… 70
第十二章　罗摩听从须羯哩婆的劝告，收留了维毗沙那。……… 82
第十三章　罗什曼那遵照罗摩的指示，让维毗沙那灌顶为
　　　　　罗刹王。维毗沙那劝罗摩率大军渡海。………………  87
第十四章　罗摩向大海射箭。…………………………………… 92
第十五章　那罗在海上造桥，猴子大军从桥上过海。………… 97
第十六章　罗波那派出苏伽和娑罗那去刺探猴军动静。……… 105

| 第 十 七 章 | 娑罗那向罗波那报告猴军主要头目情况。 | 111 |
| --- | --- | --- |
| 第 十 八 章 | 娑罗那继续报告。 | 120 |
| 第 十 九 章 | 苏伽也向罗波那报告敌军情况。 | 129 |
| 第 二 十 章 | 罗波那又派出密探。 | 136 |
| 第二十一章 | 舍杜罗向罗波那报告刺探到的消息。 | 142 |
| 第二十二章 | 罗波那施展幻术，伪造罗摩首级，以迷惑悉多。 | 149 |
| 第二十三章 | 悉多的悲痛。 | 158 |
| 第二十四章 | 萨罗摩安慰悉多。 | 167 |
| 第二十五章 | 萨罗摩刺探罗波那行动。 | 175 |
| 第二十六章 | 摩厘耶梵劝罗波那议和。 | 181 |
| 第二十七章 | 罗波那筹划守卫楞伽城。 | 189 |
| 第二十八章 | 罗摩准备进攻。 | 194 |
| 第二十九章 | 罗摩登上须吠罗山。 | 202 |
| 第 三 十 章 | 楞伽城内的情况。 | 206 |
| 第三十一章 | 罗摩大军围困楞伽城。罗摩派鸯伽陀来见罗波那。 | 212 |
| 第三十二章 | 罗刹出击。 | 230 |
| 第三十三章 | 猴群与罗刹鏖战。 | 237 |
| 第三十四章 | 鏖战彻夜。鸯伽陀的功绩。 | 247 |
| 第三十五章 | 因陀罗耆打伤罗摩与罗什曼那。 | 254 |
| 第三十六章 | 须羯哩婆与猴军情绪低沉。维毗沙那鼓励他们。 | 260 |
| 第三十七章 | 悉多登上云车补沙钵戈，看到罗摩与罗什曼那僵卧战场上。 | 269 |
| 第三十八章 | 悉多的悲痛。特哩竭吒安慰悉多。 | 274 |

| 第三十九章 | 罗摩复苏，痛哭罗什曼那。 | 282 |
| 第 四 十 章 | 金翅鸟解脱了罗摩与罗什曼那。 | 289 |
| 第四十一章 | 图牟罗刹出战群猴。 | 302 |
| 第四十二章 | 在搏斗中图牟罗刹为罗什曼那所杀。 | 310 |
| 第四十三章 | 阿甘波那出战群猴。 | 318 |
| 第四十四章 | 阿甘波那为哈奴曼所杀。 | 324 |
| 第四十五章 | 钵罗诃私陀迎战。 | 332 |
| 第四十六章 | 尼罗杀死钵罗诃私陀。 | 341 |
| 第四十七章 | 罗波那的威力。罗摩折服罗波那，饶他不死。 | 352 |
| 第四十八章 | 众罗刹唤醒了鸠槃羯叻拿。 | 388 |
| 第四十九章 | 维毗沙那对罗摩讲述鸠槃羯叻拿的故事。 | 407 |
| 第 五 十 章 | 鸠槃羯叻拿往见罗波那。 | 415 |
| 第五十一章 | 鸠槃羯叻拿安慰罗波那。 | 420 |
| 第五十二章 | 摩护陀罗的话。 | 430 |
| 第五十三章 | 鸠槃羯叻拿出战。 | 438 |
| 第五十四章 | 群猴在鸠槃羯叻拿面前溃退，鸯伽陀忿怒斥责他们。 | 449 |
| 第五十五章 | 鸠槃羯叻拿的功勋。他被罗摩杀死。 | 456 |
| 注释 | | 489 |

# 第六篇　战斗篇(上)

## 本篇故事梗概

　　哈奴曼向罗摩报告了楞伽城和罗波那的情况。罗摩把哈奴曼大大地赞扬了一番，并热烈拥抱他。他对须羯哩婆说："现在悉多的下落已经探明；但是大海浩渺难越，猴子大军怎样才能渡过呢？"他又请哈奴曼出谋划策，飞渡大海。他的心情非常沉重。须羯哩婆劝罗摩振作起来，不要像一个普通人那样悲观失望。罗摩于是就调兵遣将，准备进攻楞伽城。他派尼罗为先锋。须羯哩婆下令猴兵出动，向南方进发。猴子大军行动时扬起的尘土遮天蔽地。

　　罗波那连忙召集群魔开会。罗刹们力劝魔王同罗摩搏斗。他部下的将军个个自我吹嘘。只有他弟弟维毗沙那劝他同罗摩言归于好，交出悉多。罗波那骂了他一顿，维毗沙那不辞而别，过海投奔罗摩。罗什曼那受罗摩指示，把维毗沙那灌顶为罗刹王。维毗沙那动员罗摩进军，罗摩从之。

　　猴子头领那罗在海上架桥，群猴从上面渡过。罗波那先派舍杜罗为间谍，刺探罗摩军情。继又派苏伽与娑罗那探听猴军动静。娑罗那向罗波那详细报告猴军主要将领的情况。苏伽也向魔王作了报告。

　　罗波那施展妖术，伪造罗摩首级，以迷惑悉多。悉多大恸。罗刹女萨罗摩同悉多情投意合。她努力安慰悉多。她告诉悉多说，她曾隐身林中，窃听了罗波那等罗刹头子会商的情况。罗波那倒行逆施,作恶多端,一定会灭亡,而罗摩大军已经渡海,现正驻扎在海岸上,一定会胜利。请悉多放心。此时,罗刹大将摩厘耶梵力劝罗波那同罗摩讲和。魔王不听,下令严密防守楞伽城。

在罗摩方面,猴子大军已把楞伽城团团围住。猴军个个磨拳擦掌,准备攻战。罗摩登上须吠罗山,向楞伽城内瞭望。他又派鸯伽陀飞至城内,见到罗波那。罗波那正在同武臣谋士共议军情。鸯伽陀对魔王转达了罗摩的话,敦促他出战,同罗摩比一个高下。罗波那想捉住鸯伽陀,但没能办到。鸯伽陀回到罗摩营覆命。

于是猴军与魔军开始鏖战。鸯伽陀勇冠三军,打得魔将如落花流水。魔王太子因陀罗耆英勇无敌,并且会隐身术。他走到两军阵前,连败几名猴将,连罗摩和罗什曼那也都被他打败了。猴王须羯哩婆与猴军情绪一下子低沉下来。维毗沙那鼓励他们,要他们振作起来。

此时魔王让悉多登上云车补沙钵戈,从空中下望战场。她看到罗摩与罗什曼那僵卧两军阵前,心中大悲。罗刹女特哩竭吒也是她的好友,用甘言把她安慰。罗摩终于醒了过来,看到罗什曼那的情况,失声痛哭。正在这时候,金翅鸟忽然从天空落下。捆缚罗摩和罗什曼那的大蛇,一看到金翅鸟,大惊失色,立即逃遁。罗摩兄弟完全复原,健壮如昔。

大战进行,极为激烈。魔将图牟曼刹出战群猴,被哈奴曼杀死。另一名魔将阿甘波那出战,又被哈奴曼击毙。魔将钵罗诃私陀出战,死于尼罗手下。最后魔王罗波那登上战车,亲自出马上阵。猴王须羯哩婆首先迎战,被魔王射中,昏倒在地。其他一些猴将一一迎战,都不是魔王的对手,败下阵来。罗什曼那想去应战,但是哈奴曼抢先一步。魔王用拳头把他打倒。尼罗也被魔王打倒。罗什曼那出战,魔王祭起了大梵天钦赐的法宝,把罗什曼那打倒在地。

最后罗摩亲自出马。他骑在哈奴曼肩上，同魔王交手。几个回合之后，魔王招架不住。罗摩叫魔王回去休息，然后再战。

这时候，群罗刹都感到形势有点不妙。魔王对群魔说："从前大梵天钦赐恩惠给我。我祈求不为神仙、檀那婆、乾闼婆、罗刹、龙所伤。我瞧不起凡人，没有提到人。不意今天竟为凡人所屈，后悔莫及。"群魔忽然想起了鸠槃羯叨拿。他是一个罗刹，曾战败过因陀罗。此后他无情地吞噬群生。群生告到大梵天驾前。大梵天念咒使他酣睡，一睡就是六个月。到了现在这样的危急时刻，群魔把他叫醒。他先去看罗波那，罗波那对他温言慰藉。这个罗刹确实与众不同，他身躯如山岳，吼声似雷鸣。他使猴军惶恐欲逃。只是在鸯伽陀的怒斥下，才稳住了阵脚。哈奴曼、鸯伽陀等猴将相继同鸠槃羯叨拿肉搏，都被他打倒。猴王须羯哩婆迎战，昏倒后，被魔将活捉。后来苏醒过来，拼命厮打，仅以身免。最后罗摩亲自出马，经过激烈搏斗，杀死了鸠槃羯叨拿。罗波那大恸。

大战仍在进行。魔将一个个被杀。罗什曼那杀死阿底伽耶。罗刹王派太子因陀罗耆出战。因陀罗耆施展隐身术，猴军被杀得狼狈不堪，束手无策。罗摩和罗什曼那也中箭倒在战场上。因陀罗耆狂喜大叫，班师回城。

阇婆梵劝哈奴曼到北方神山中去采仙草，疗救罗摩兄弟。哈奴曼从之。到了山上，仙草缩入土中不出。哈奴曼无奈，将山峰用手托至两阵前，找到仙草，救了罗摩兄弟的命，又将大山托回原地。于是军心大振。猴子们纵火焚烧楞伽城。魔王派大将鸠槃出战，打倒了许多猴将，终于为猴王须羯哩婆所杀。接着哈奴曼又杀死了罗刹大将尼空婆。罗刹大将摩迦罗刹又出战罗摩兄弟。罗摩放箭射倒了摩迦罗刹。因陀罗耆又施展妖术，使自己和战车隐去，同时放箭射罗摩兄弟。他又用幻术幻出悉多形象，载战车上，形容憔悴，愁苦不堪。因陀罗耆抽刀斩之，砍成数块。群猴大惊欲溃。哈奴曼挡住他们。因陀罗耆走到尼空毗罗园，举行祭祀。

罗摩在营中焦忧昏迷。罗什曼那和维毗沙那都来安慰他。然后二人赴到尼空毗罗园，向因陀罗耆叫战。因陀罗耆中断了祭祀，迎战罗什曼那。因陀罗耆同维毗沙那互相斥责骂詈。罗什曼那同因陀罗耆展开了激烈的搏斗。罗什曼那连发利箭，射穿了魔将的盔甲，血流如注。两人都受了伤，但仍厮杀不停。两人射出去的箭遮蔽了天空。维毗沙那在战场上鼓励猴军，猴军声威大振。罗什曼那打倒因陀罗耆的四匹黑马，然后又放箭射掉了车夫的首级。因陀罗耆被迫亲自驾车。罗什曼那又打死了驾车的马，砸碎了战车。因陀罗耆站在地上奋战，最后被罗什曼那射倒在地。罗摩赞扬了罗什曼那。但罗什曼那也受了重伤，遍体血流。须私那给他治疗箭伤。

魔王痛失爱子，昏倒在地。苏醒过来以后，仍然挥泪不止。他一方面激励将士们战斗下去；一方面手持利剑，匆匆跑到无忧树园，想杀死悉多。他的谋臣须波哩湿婆劝阻了他。在战场上战端又启。罗摩威猛无双，杀死了大批罗刹。两军阵前，魔尸纵横，象、马倒毙。城中的罗刹女听到这个消息，哭声震天。魔王闻声大怒，亲率魔众出战。途中凶兆迭出，险象毕露，太阳无光，周天黑暗。一只大鹫落在他的旗帜上，身边鹫豺齐号。他左眼不停地跳动，面色灰白。彗星从天空纷纷坠落。但他不顾一切，毅然走向战场。魔王大将毗噜钵刹被猴王打死。猴王又杀死了罗刹大将摩护陀罗。耆伽陀杀死摩诃波哩湿婆。最后魔王亲自上阵，罗摩也亲自出马。两人交手，各自祭起了法宝，互相搏击。罗摩方面，罗什曼那出马助战，被魔王用短枪打伤，但又奇迹般地恢复健康。罗摩兄弟又重新同魔王搏斗。罗摩丢掉了战车，天帝因陀罗把自己的战车赐给罗摩。天上群神也都赶来观战。罗摩用因陀罗短枪打碎了罗波那的插杵。魔王受了伤，遍体流血。他那十个脑袋和二十只手，看上去就像一棵繁花盛开的无忧树。罗摩面对罗波那，破口大骂，骂他耍弄诡计，劫走自己的老婆。他发出利箭，射中魔王。同时，魔王又被猴子投出的石块打中，昏了过去。不久，他又苏醒过来。怒气冲冲地质问自己的车夫，问自己是不是一个懦夫，是不是武艺高强；车夫竟使他丢脸。他痛骂车夫受了敌人的贿赂，不赶车把他送上战场。车夫回答说，他既没有受贿，也未负义忘恩；只因看到魔王已经精疲力尽，处于劣势，才赶车回转，他完全是一片好心。魔王听罢，心中大悦。车夫又驱车回到战场。此时，凶兆又层出不穷：血雨自天空降落，飓风狂吹，大鹫盘桓于战车之上，楞伽城上黄昏红云宛如火烧，彗星坠，雷电起，太阳光辉五颜六色，战马蹄下火迸发，魔王眼中流泪不止。罗摩与魔王又厮杀起来。罗摩放箭射落魔王战车上的旗帜。车夫巧妙地驾驶着战车，两辆战车车轴相接，两车战马马头相撞。两人都是精神抖擞，怒气冲霄。一场恶战，直杀得天昏地暗，日月无光。天上神仙又都赶来观战，同声祝愿罗摩降魔助神。罗摩终于把罗波那首级射掉，滚到地上。但是从他的腔子里立即又长出一个脑袋。罗摩一直射落魔王脑袋一百头，心中疑惑不解。他的车夫摩多里劝他祭起梵天法宝。罗摩恍然大悟，把法宝祭起。魔王罗波那倒地死去，魔军溃散。罗摩大功告成。

　　魔王群妻悲悼他的死亡，曼度陀哩尤为悲伤。罗波那尸体被火化，维毗沙那登基为楞伽国王。罗摩派哈奴曼去看悉多。悉多大喜过望。罗摩又让维毗沙那把悉多领来。悉多喜不自胜，急切想看到罗摩。但是，罗摩心中却是又喜，又怒，又愁。悉多来到，维毗沙那想把所有的随从都赶走。罗摩却说："你为什么为了一个女人竟干这样的事呢？让所有的人都看到悉多！"罗什曼那、须羯哩婆和哈奴曼听了这话，都非常难过。罗摩是害怕群众风言风语。他对悉多

7

说："我之所以拼命打败魔王，是为了我个人的荣誉，而不是为了你。你现在愿意到哪里去，就到哪里去吧！我不能收留你了。一个高贵家庭出身的人怎么能把一个同别人住在一起过的老婆再接回来呢？"悉多听了，悲从中来，说道："我敢发誓保证我的贞洁。魔王碰我的身体，是在我失去知觉的时候，我怎么能负责呢？我的心是属于你的。你派哈奴曼来的时候，为什么不告诉他，你已经遗弃了我呢？我会立刻自尽的。"悉多痛哭着，让罗什曼那弄来柴火，点起火来。悉多绕罗摩身旁行走，向火神高呼："如果我是始终忠于罗摩的话，请火神保护我！"说罢纵身跳入熊熊烈焰中。此时大梵天、因陀罗、阎摩、婆楼那群神毕至。大梵天赞扬罗摩，火神把悉多托出，递给罗摩，说："悉多白玉无瑕，身、口、意都没犯任何错误。"罗摩收留了悉多，皆大欢喜。

此时，十车王也来到这里，父子会面。罗摩请求梵天让阵亡者复活，许之。维毗沙那赠罗摩云车，飞返阿逾陀，途中会见大仙婆罗杜婆迦。到了阿逾陀，与婆罗多相见。罗摩灌顶为王。

# 第 一 章

这些话说的全是事实,
听完了哈奴曼说的话,
罗摩心里非常高兴,
用最美妙的话来回答: （6.1.1）

"哈奴曼完成的业绩,
真是艰巨难承当;
大地上除了他以外,
别人连想也不敢想。 （6.1.2）

我从来没有看到什么人,
能够飞越大海天堑;
除非是金翅鸟和飞神,
还有就是哈奴曼。 （6.1.3）

罗波那保卫着楞伽城,
谁也无法把它来进攻;
天神、檀那婆、夜叉没法去,

乾闼婆、龙王、罗刹也不行。　　　　　　　　（6.1.4）

如果一个人的精力
不能同哈奴曼相比，
谁能靠自己力量进城，
又能活着走出去？
谁又能闯入这天险，
罗刹们防守在那里？　　　　　　　　　　　　（6.1.5）

哈奴曼对须羯哩婆，
尽上了奴仆的职务；
他也把自己的威力，
显示得一清二楚。　　　　　　　　　　　　　（6.1.6）

奴仆受到主人委托，
去完成艰巨的任务；
他认真把任务完成，
人们称他为无上丈夫。　　　　　　　　　　　（6.1.7）

受到国王的命令，
完成任务不认真，
这样的奴仆应该叫
最低贱卑鄙的小人。　　　　　　　　　　　　（6.1.8）

哈奴曼受到委托，
去完成一件工作；

他自己没有松懈，
须羯哩婆心里快乐。 （6.1.9）

我和整个罗怙王族，
还有大力的罗什曼那，
都由于他看到了悉多，
今天被拯救，遵照正法。 （6.1.10）

我现在非常难过，
这件事刺痛了我的心；
他给我报告了好消息，
我却没法报他的恩。 （6.1.11）

我只能拥抱哈奴曼，
这就是我能做的一切；
现在时机已经到了，
我就这样把他来感谢。 （6.1.12）

悉多的行踪无论如何
我们已经探索明白；
可我的心猛然沉重起来，
我们还要飞越那大海。 （6.1.13）

大海里烟波浩渺，
它是难以飞渡的天堑；
猴子们怎样才能够

专心一志飞到南岸？　　　　　　　　　　　　（6.1.14）

关于悉多的消息，
你已经告诉过我；
猴子们怎样渡海？
请你再说上一说。"　　　　　　　　　　　　（6.1.15）

消灭敌人的英雄罗摩，
忧心忡忡对哈奴曼把话说；
这粗胳膊的人说完话，
就陷入忧思，无可奈何。　　　　　　　　　　（6.1.16）

《罗摩衍那（六上）·战斗篇（上）》第一章终

# 第 二 章

十车王的儿子罗摩,
这样为忧愁所折磨;
为了给他驱忧解愁,
光辉的须羯哩婆把话来说: (6.2.1)

"你为什么竟这样苦恼?
英雄呀!像个普通老百姓;
不要这样!丢掉烦恼吧!
像忘恩的人丢掉友情。 (6.2.2)

罗摩呀!我看现在还不是
伤心忧愁的时候;
悉多的下落已经弄清,
敌人的巢穴也已识透。 (6.2.3)

罗摩呀!你是聪明的,
你精通圣经宝典;
丢掉那有害的想法,

像能克己的人那般。 （6.2.4）

大海里面充满了鳄鱼，
把大海一下子跳过，
我们将达到那楞伽城，
我们将杀死敌人恶魔。 （6.2.5）

一个人如果灰心丧气，
心里面塞满了忧愁，
他的利益会受到损害，
他自己会大触霉头。 （6.2.6）

这些英勇的猴子头领，
什么事情他们都能干；
他们决心为着你的利益，
连烈焰都敢去钻。 （6.2.7）

从欢喜中我了解他们心情，
我的决定就非常坚定；
我一定能够夺回悉多，
把敌人杀个一干二净。 （6.2.8）

罗摩呀！请想个办法，
在那里把一座桥来搭；
罗刹王的那一座城池，
让我们能够看到它。 （6.2.9）

我们已经看到楞伽城，
它坐落在特哩俱吒山顶，
你现在心里应该认为
那个罗波那已被杀命终。 （6.2.10）

越过大海搭一座桥，
一直通到那楞伽城；
让大军在上面走过，
想办法让他们得胜。 （6.2.11）

这些猴子能随意变形，
在战场上他们都是英雄；
国王呀！不要再悲观失望，
那将使一切好处落空。 （6.2.12）

忧愁在这个世界上，
能降低人们的勇敢；
人们只能靠着大胆，
才能把事情来干。
在这时候，聪明的人！
要坚定，要勇往直前。 （6.2.13）

像你这样的人们，
高贵尊严的英雄，
为已经失掉的东西担忧，
将使一切利益成为泡影。 （6.2.14）

你在聪明人中数第一,
你精通所有的圣经宝典;
同像我这样的伙伴一起,
你能够把你的敌人全歼。 （6.2.15）

罗摩呀！在三个世界中,
我没有看到有任何人,
手持弓箭走向战场,
能同你斗几回合而不败阵。 （6.2.16）

把任务交给猴子们,
那就一定不会落空;
越过这不朽的大海,
你将把悉多看在眼中。 （6.2.17）

国王呀！不要再发愁！
抑制住你的怒气悲愤！
无所事事的刹帝利没有用,
他们害怕比自己厉害的人。 （6.2.18）

为了跳越这可怕的大海,
这个世界上的万水之王,
你要同我们在一起,
想出一个精细的良方。 （6.2.19）

这些猴子能随意变形,

在战场上他们都是英雄；
他们投出如雨的石和树，
将把敌人杀个一干二净。　　　　　　（6.2.20）

我们无论如何也会
了解婆楼那的住地；
还说这些话干什么？
你反正能获得胜利。"　　　　　　　（6.2.21）

《罗摩衍那（六上）·战斗篇（上）》第二章终

# 第 三 章

听了须羯哩婆说的话,
这番话有益处有道理;
罗摩抓住了哈奴曼,
就对他把话说起: (6.3.1)

"我们或者搭上一座桥,
或者把这大海淘干;
我无论如何也能够
跳到大海的那一边。 (6.3.2)

天险的楞伽城有多少堡垒,
请你对我细细地说明;
猴子呀!为了了解情况,
我愿意知道这一切事情。 (6.3.3)

那里兵卒的力量,
城门的堡垒工事,
楞伽城的防御措施,

罗刹们的邸宅宫室。　　　　　　　　（6.3.4）

你曾用自己的眼睛，
看到了那座楞伽城；
请你如实地告诉我，
无论如何你很聪明。"　　　　　　　（6.3.5）

风神的儿子哈奴曼，
听完了罗摩说的话；
他非常擅长辞令，
又说话把他来回答：　　　　　　　（6.3.6）

"你请听！我把一切详细报告：
那里的防御工事如何构造？
那一座楞伽城如何把守？
用什么样的兵力把它来保？　　　　（6.3.7）

楞伽城的极端富庶，
那大海的极端可怕，
大军分布的情况，
对那些车辆的描画。　　　　　　　（6.3.8）

楞伽城欢喜愉快，
里面挤满了怀春大象，
成群的罗刹到处都有，
还充满了各种车辆。　　　　　　　（6.3.9）

捆缚得很结实的门扇,
都配有极大的门闩;
这座城的四扇城门,
都是非常巨大又牢坚。　　　　　　（6.3.10)

城墙上有石头机器,
都是非常巨大又有力;
如果有敌军来进攻,
机器就把他们挡回去。　　　　　　（6.3.11)

在那些城门上装着
成百可怕的舍多祇尼[1];
成群的英勇罗刹在操纵,
这些都是锐利的铁东西。　　　　　（6.3.12)

这座城有一圈黄金城墙,
宽大高耸难以攻击;
上面镶嵌着珍珠、
琉璃、珊瑚和摩尼。　　　　　　　（6.3.13)

周围有一条濠沟,
非常可怕又美丽;
深不可测,鳄鱼充满,
里面还有许多鱼。　　　　　　　　（6.3.14)

在四座城门的前面,

都有非常宽阔的大桥;
桥上有许多大机械,
都装置得非常坚牢。　　　　　　(6.3.15)

这些桥都防守极严,
如果有敌军来到跟前,
那些机械就把他们
投掷到濠沟里面。　　　　　　　(6.3.16)

其中有一座威武雄壮,
无法动摇,非常坚强;
许多根金柱装饰着它,
还有许多纯金的桥桩。　　　　　(6.3.17)

罗摩呀!那个罗波那,
刚强坚毅,喜好厮杀,
他从来不放松警惕,
亲自把队伍来视察。　　　　　　(6.3.18)

这座楞伽城下临无地,
神仙难近,阴森可畏;
它有河流、山岳和森林,
还有四种人造的堡垒。　　　　　(6.3.19)

它坐落在大海岸上,
罗摩!大海难以渡航;

这里没有船筏可乘，
浑浑茫茫，不辨方向。　　　　　　　　（6.3.20）


堡垒设在山顶上，
这座城像天宫一样；
楞伽城难以攻占，
里面挤满了马和大象。　　　　　　　　（6.3.21）


城上有门闩，有舍多祇尼，
还有各种各样的机器，
把坏蛋罗波那的楞伽城，
点缀装饰得悦目美丽。　　　　　　　　（6.3.22）


有一阿由他[2]的罗刹鬼，
把那城西门来守卫；
他们手里拿着三股叉，
用刀剑搏斗，难以击退。　　　　　　　（6.3.23）


有一尼由他[3]的罗刹鬼，
把那城南门来守卫；
他们都是无上的战士，
一共分成四种部队。　　　　　　　　　（6.3.24）


有一钵罗由他[4]的罗刹鬼，
把那城东门来守卫；
手里拿着盾牌和剑，

所有的兵器他们都会。　　　　　　　　（6.3.25）

有一阿哩布陀<sup>[5]</sup>的罗刹鬼，
把那城北门来守卫；
他们坐着车，骑着马，
出自名门，地位高贵。　　　　　　　（6.3.26）

有一百再乘上一百千，
把中央的树丛<sup>[6]</sup>来守卫；
这些妖怪难以制服，
这些多于一亿的罗刹鬼。　　　　　　（6.3.27）

我砸断了那些大桥，
我填平了那些沟濠，
那楞伽城被我焚烧，
那城墙都被我推倒。　　　　　　　　（6.3.28）

总会有那么一条道路，
让我们把这大海飞渡；
让猴子们攻破楞伽城，
你要把一些办法想出。　　　　　　　（6.3.29）

鸯伽陀、陀毗毗陀、曼陀、
阇婆梵、波那娑、那罗，
还有将军尼罗已经很够用，
你又何必自己出马动干戈？　　　　　（6.3.30）

他们将会从空中飞到
罗波那的那一座大城,
大城有城墙和宫邸;
把悉多从那里带上归程。　　　　　　　（6.3.31）

就请你赶快下命令,
命令我们全体猴兵,
在一转眼的工夫,
他们就会愉快地出动。"　　　　　　　（6.3.32）

《罗摩衍那（六上）·战斗篇（上）》第三章终

# 第 四 章

听完了哈奴曼的话,
这话说得有条有理;
真正英勇的罗摩,
这英武的人又把话说起: (6.4.1)

"你报告的那一座城,
那可怕的罗刹的楞伽;
我很快就会把它捣毁,
我说的这些全是真话。 (6.4.2)

这个时候,须羯哩婆!
我愿意立刻出发征战;
现在正是胜利的时刻,
好像太阳已经到了中天。 (6.4.3)

今天是张星[7]当顶,
明天轸星[8]同月亮会合;
我们率领着所有部队,

今天就出发,须羯哩婆! (6.4.4)

许多吉祥的朕兆,
都一一呈现给我;
我一定能杀死罗波那,
夺回遮那竭公主悉多。 (6.4.5)

现在在我的眼睛上面,
正在隐隐地跳动;
它好像是预告着,
我一定能如愿成功。 (6.4.6)

让尼罗走在部队前面,
他可以去探索道路;
他率领着十万个猴子,
个个都精干又英武。 (6.4.7)

迅速走那有很多蜜的道路,
尼罗呀!你率领着军队;
将军呀!路上有果子和块根,
还有阴凉的森林和流水。 (6.4.8)

在路上那一群坏蛋罗刹,
可能污染块根、果子和水;
你可千万要随时警惕,
你一定要经常做好准备。 (6.4.9)

猴子们在飞行的时候,
要他们对敌军小心在意;
他们可能隐藏在沟内,
可能隐藏在堡垒和林子里。　　　　　(6.4.10)

让力量大、狮子般的猴子,
引导着先遣的部队;
这部队像海潮般可怕,
成百一堆,成千一堆。　　　　　　　(6.4.11)

让像山峰般的迦阂,
迦婆耶有大力量,
还有迦婆刹三个走在前面,
像骄傲的公牛一样。　　　　　　　　(6.4.12)

让公牛般的猴子哩舍婆,
这一个猴群中的头目,
走在猴子大军的右面,
把全军的右侧来保护。　　　　　　　(6.4.13)

勇敢的乾闼摩陀诺,
难以制服,像一只香象,
让他走在全军的左面,
站在猴子大军的左侧上。　　　　　　(6.4.14)

我走在大军的中间,

鼓舞大军兴奋快乐；
我骑在哈奴曼肩上，
像因陀罗骑着伊罗婆陀[9]。 (6.4.15)


罗什曼那像死神一般，
骑在鸯伽陀肩上前进；
像骑在娑婆报摩[10]肩上的
向前走的大神财神。 (6.4.16)


阇婆梵和须私那，
还有猴子吠竭达哩申[11]；
你是坚毅的群猴之王，
请让他们仨来作殿军。" (6.4.17)


听完了罗摩说的话，
须羯哩婆这大军统帅，
对那些勇猛的猴子，
这猴王把命令传达下来。 (6.4.18)


所有这成群的猴子，
飞腾起来，准备战斗；
他们飞快地走出了
那些山峰和山沟。 (6.4.19)


于是那虔诚的罗摩，
受到猴王的礼拜致敬；

罗什曼那也向他下拜，
他率领着大军南征。 (6.4.20)


成百成十万的猴子，
成亿成阿由他的猴子，
个个壮得像大象一般，
围拥着他向前飞驰。 (6.4.21)


他起身迈步向前，
猴子大军跟在后面。 (6.4.22)


在须羯哩婆统率之下，
所有的猴子都兴高采烈；
这一群猴子跳来跳去，
他们一个个叫声不绝；
他们都是又跳又叫，
向着南方飞腾跳跃。 (6.4.23)


他们吃着香甜的蜜，
他们吃着香甜的果；
他们爬上了大树，
折下了成堆的花朵。 (6.4.24)


他们都骄傲恣纵，
他们彼此相拥相挤；
有的落下来又跳上，

有的把别的猴子拉下去。　　　　　　　　（6.4.25）


"我们一定杀死罗波那,
杀死所有的罗刹鬼。"
猴子们这样呼叫着,
都围拥在罗摩周围。　　　　　　　　　　（6.4.26）


哩舍婆和英雄尼罗,
还有俱牟陀走在前面;
他们同猴子们在一起,
扫清障碍使道路平安。　　　　　　　　　（6.4.27）


猴王须羯哩婆呆在中间,
还有罗摩和罗什曼那;
周围是很多雄壮可怖的猴子,
他们都能把敌人来杀。　　　　　　　　　（6.4.28）


英雄的猴子舍多波厘,
围拥着他的猴子有十亿;
他保卫着这支猴子大军,
靠自己一身的气力。　　　　　　　　　　（6.4.29）


吉萨陵[12]、波那娑和迦阇,
百亿猴子在他们身后跟随;
还有力量大的阿罗歌[13],
他们把大军的侧翼保卫。　　　　　　　　（6.4.30）

须私那和阇婆梵,
很多猴子在身后跟随;
他们让须羯哩婆走在前面,
自己作殿军把全军保卫。　　　　　（6.4.31）

尼罗是他们的总司令,
这猴子头领是个英雄;
他在飞跃者中数第一,
保卫全军作猴军长城。　　　　　（6.4.32）

陀哩牟伽[14]和钵罗强迦[15],
瞻波[16]和罗婆萨[17]这猴子,
这些英雄从四面八方
催赶着猴子向前奔驰。　　　　　（6.4.33）

就这样这群猛虎般的猴子,
雄赳赳气昂昂走向前方;
他们看到了大山娑醯耶[18],
树木和蔓藤长满山上。　　　　　（6.4.34）

这一支庞大的猴子大军,
可怕得像大海的怒潮;
他们发出了响亮的吼声,
像海中奔腾的波涛。　　　　　（6.4.35）

这些大象般的英勇猴子,

在十车王儿子的身边,
他们都飞速地跳跃,
像被驱赶的骏马一般。　　　　　　　（6.4.36）

坐在两个猴子的肩上,
两个人中之雄显得很美丽;
就好像是太阳和月亮,
同两个大天狗〔19〕碰在一起。　　　　（6.4.37）

罗什曼那有良心,人又聪明,
他把任务完成得很妥当;
他坐在鸯伽陀的肩上,
用甜美的声音对罗摩开了腔:　　　　（6.4.38）

"你一定能杀死罗波那,
很快就会把悉多夺回手中;
待到功成名就以后,
再回到繁华的阿逾陀城。　　　　　　（6.4.39）

罗摩呀!在天上,在地下,
都有很多吉祥的征兆;
一切都将会胜利进行,
这些朕兆我已经看到。　　　　　　　（6.4.40）

阵阵和风把大军吹拂,
这风轻柔,让人快活;

那一些飞鸟和走兽,
都用甜美的声音唱歌。　　　　　　　　（6.4.41）

四面八方清清朗朗,
太阳也洁净无尘,
太白金星亮晶晶,
北极星跟着你前进。　　　　　　　　　（6.4.42）

婆罗摩罗悉〔20〕光闪闪,
北斗七星〔21〕亮晶晶,
所有这些闪光的星群,
都围绕着北极星转动。　　　　　　　　（6.4.43）

陀哩商古亮晶晶,
王仙同帝师〔22〕在一起;
我们那卓越的祖先,
属于高贵的甘蔗世系。　　　　　　　　（6.4.44）

那氐宿安安静静,
射出清光闪熠熠;
它是我们的星宿,
属于高贵的甘蔗世系。　　　　　　　　（6.4.45）

那些恶魔的尼哩陀〔23〕宿,
却是正在受着苦痛;
拖着长尾巴的彗星,

正在把这尾宿猛碰。　　　　　　　　（6.4.46）

所有这一切都标志着，
罗刹的灭亡就要来到；
人们被死神抓在手中，
他们的星宿被罗睺捉牢。　　　　　（6.4.47）

水也都清凉又甜美，
林子里结满了果实；
树上按季节开满了花，
浓烈的香气吹拂不止。　　　　　　（6.4.48）

这一支庞大的猴子大军，
主子呀！看上去真好像
在同陀罗伽[24]搏斗时，
天神的大军一样。　　　　　　　　（6.4.49）

贵人哪！这样就请你
放开心怀，看上一看。"
罗什曼那为了安慰哥哥，
这样说着话，满心喜欢。　　　　　（6.4.50）

这支猴子大军向前进，
遮满了整个的大地；
这里有虎般的熊罴和猴子，
都用尖爪利齿当作兵器。　　　　　（6.4.51）

用手指头和脚尖,
猴子们扬起了土灰;
遮蔽了整个大地,
挡住了太阳的光辉。 (6.4.52)

浩浩荡荡的猴子大军
日日夜夜趱程前进;
在须羯哩婆统率指挥下,
猴子大军精神振奋。 (6.4.53)

所有猴子都迅速前进,
他们都是求战心切;
他们渴望解救悉多,
一刻也不停留息歇。 (6.4.54)

他们来到了娑醯耶山,
还有支撑大地的摩罗耶山;
山上郁郁葱葱长满树木,
各种野兽在里面挤满。 (6.4.55)

娑醯耶山和摩罗耶山,
都有丰富多彩的森林,
还有各样的河流,
罗摩看着这些前进。 (6.4.56)

瞻波伽、底罗伽和周陀,

无忧树和信度婆罗伽,
迦罗毗罗和底弥舍,
猴子们把它们折下。 (6.4.57)

醍醐般香甜的果实,
还有块根和花朵,
猴子们力大无穷,
从树上采下来咀嚼。 (6.4.58)

树上的那些香蜜,
成斗成斛挂在那里;
蜜色的猴子边走边喝,
他们心里都很欢喜。 (6.4.59)

他们折断了树木,
他们拉断了蔓藤;
他们毁坏了大山,
这群猴子在前进途中。 (6.4.60)

另一些猴子喝醉了蜜,
在树上大声吼叫;
有一些猴子爬上树去,
另一些从那里向下跳。 (6.4.61)

这一些褐色的猴子,
就把这座大山填满;

好像大地上布满了
稻谷成熟的稻田。 (6.4.62)

莲花眼睛的罗摩,
来到了摩亨陀罗山;
这粗胳臂的人登上山顶,
山顶上树林长满。 (6.4.63)

十车王的儿子罗摩,
就这样爬上了山顶;
他看到浩茫的大海,
里面全是乌龟和鱼龙。 (6.4.64)

他们越过了娑醯耶山,
他们越过了大山摩罗耶,
依次来到了大海边上,
可怖的涛声传来不绝。 (6.4.65)

罗摩走下了那座大山,
来到海边的森林中;
这个最令人喜悦的人,
须羯哩婆和罗什曼那后面跟从。 (6.4.66)

波浪猛然间腾涌飞溅,
震撼着石头的堤岸,
来到了这辽阔的海边,

罗摩于是就开了言： (6.4.67)

"须羯哩婆！我们就这样
来到了婆楼那的住所[25]；
现在在这里我有些想法，
以前从来没有想过。 (6.4.68)

这万水之王的大海，
它的堤岸可真够长；
如果想不出好办法，
渡过大海毫无希望。 (6.4.69)

就在这里停下来吧！
让我们来商量讨论；
怎样能把这浩荡的猴军，
送到对岸大海之滨。" (6.4.70)

这粗胳臂的罗摩，
悉多被劫，忧愁难挨；
他现在来到海边上，
下令大军驻扎下来。 (6.4.71)

"商量的时候来到了，
我们要商量怎样过海；
谁也无法过得去，
即使我们把兵来派；

让英雄的猴子走开吧!
我们要把恐惧来掩盖。" （6.4.72）

须羯哩婆和罗什曼那，
听完了罗摩所说的话，
就下命令给猴子大军，
在多树的海边上驻扎。 （6.4.73）

大军驻扎在海边上，
他们都失去了光辉；
他们就像是第二个大海，
水像蜜色一般苍灰。 （6.4.74）

那些猴子的头领，
来到了海滨树林里面；
他们在那里排成行列，
渴望飞到大海的对岸。 （6.4.75）

猴子大军来到海边，
心里惊慌，汗毛直竖；
他们看到那一片大海，
风吹浪花汹涌飞舞。 （6.4.76）

那辽阔的远方海岸，
是罗刹群住的地方；
猴子头领们注视着它，

停留在大海的岸边上。　　　　　　　　　　　(6.4.77)

暗夜来临白日尽，
鳄鱼海怪真可怖；
月亮升起海水摇，
月光倒影水中住。　　　　　　　　　　　　(6.4.78)

这大海里面充满了
可怕的鳄鲨和大风，
还有大鱼底弥底泯吉罗[26]，
脑袋膨胀像大长虫。　　　　　　　　　　　(6.4.79)

有极其巨大的石头，
隐藏在海水的深处；
这里艰险无路可通，
深不可测群魔所住。　　　　　　　　　　　(6.4.80)

长着蛇冠的摩竭大鱼，
沉入水中被风吹动，
一会隐没，一会出现，
这大海真是浩茫无穷。　　　　　　　　　　(6.4.81)

好像是投进去的火花，
大蛇在里面闪闪发光；
可怕得就像是地狱，
是神仙敌人住的地方。　　　　　　　　　　(6.4.82)

海洋就像是天空，
天空也像是海洋；
海洋与天空这二者，
看上去都完全一样。　　　　　　（6.4.83）

水里面搀杂着云气，
云气里搀杂着水；
二者看上去一模一样，
天上有星水里有宝贝。　　　　　（6.4.84）

天空里云气升腾，
海洋里波涛汹涌；
二者简直没有区别，
这大海和那长空。　　　　　　　（6.4.85）

二者互相冲击又依靠，
发出了可怕的声响；
大海里汹涌的波涛，
像战场上的鼓声一样。　　　　　（6.4.86）

水里面有成堆的奇珍，
好像被风吹着发出声音；
海好像是生气跳了起来，
里面的海怪结队成群。　　　　　（6.4.87）

高贵尊严的猴子们，

注视着似乎发怒的大海；
大海里面波涛滚滚，
好像是要跳到天上来；
大风在水面上吹拂，
浪涛汹涌又澎湃。　　　　　　　　　　（6.4.88）

《罗摩衍那（六上）·战斗篇（上）》第四章终

# 第 五 章

这一支保卫森严的大军,
兢兢业业,万众一心;
遵照将军尼罗的命令,
秩序井然驻扎在海滨。　　　　　(6.5.1)

两个猴子的头领,
曼陀和陀毗毗陀,
从四面保卫大军,
绕着大军来巡逻。　　　　　(6.5.2)

在众水之王的边上,
大军安营扎了寨;
罗什曼那站在旁边,
罗摩对他把话说开:　　　　　(6.5.3)

"随着时间的推移,
我的忧愁也减轻;
看不到我的情人,

它又一天天加重。 (6.5.4)

我难过不是因为情人远离，
我难过不是因为她被劫持；
我之所以这样忧愁痛苦，
怕的是她青春年华消逝。 (6.5.5)

风呀！吹到爱人那里去吧！
碰了她以后再回来碰我；
我在月亮上看到她的姣容，
我在风中感到她的抚摩。 (6.5.6)

我那情人被劫的时候，
连声喊着：'哎呀！主公！'
这煎熬着我的肢体，
好像把毒药喝在心中。 (6.5.7)

我的身躯日日夜夜，
被爱情的火焰所煎熬；
想到她就给火增加光辉，
离开她就给火增添燃料。 (6.5.8)

罗什曼那！我将离开你，
跳入海中在水里睡觉；
我这个睡在水里的人，
熊熊的爱情之火将不再燃烧。 (6.5.9)

我能够同那美妙女郎，
同住在一个大地上；
这就能够让我活下去，
我为爱情断了肠。　　　　　　　　　（6.5.10）

正如干涸没有水的田地，
在有水的地旁得到滋润；
只要我听到悉多还活着，
我就有力量继续生存。　　　　　　　（6.5.11）

我何时才能消灭敌人，
看到悉多那美妙女郎，
眼睛长得像荷花瓣，
就像看到洋溢的光辉一样？　　　　　（6.5.12）

我什么时候才能够
把那荷花脸庞稍稍捧起，
我吻她那频婆果般的樱唇，
好像病人把醍醐吮吸？　　　　　　　（6.5.13）

她那两个肥大的乳房，
坚实得像那多罗果；
她什么时候才能用它
颤抖着搂抱住我？　　　　　　　　　（6.5.14）

这一位眼角黑色的贞女，

现在落到了罗刹群内；
我是丈夫她却无依无靠，
没有人把她来保卫。 （6.5.15）

她什么时候才能够
摆脱掉罗刹站起来？
就像那秋天的月亮，
摆脱掉蓝色的云彩。 （6.5.16）

悉多的性格本来腼腆，
现在时间地点又颠倒错乱；
她痛苦忧愁又绝了食，
她一定更是柔弱瘦削不堪。 （6.5.17）

我什么时候才能够
用箭射中魔王的胸膛，
把悉多从他那里夺回，
丢掉心里面那些愁肠？ （6.5.18）

那贞洁善良的悉多，
可以同神仙女儿媲美；
她什么时候才能够
搂住我的脖子甩掉眼泪？ （6.5.19）

离开悉多我心里忧愁，
我什么时候才能够

一下子把忧愁丢掉，
像丢掉一件衣服沾满污垢？"　　　　　　（6.5.20）


聪明睿智的罗摩，
就这样喃喃不息；
白日将尽太阳暗，
它就要落下山去。　　　　　　　　　　（6.5.21）


罗摩陷入忧思中，
罗什曼那安慰罗摩；
他又是满怀愁绪，
想到荷眼女郎悉多。　　　　　　　　　（6.5.22）


《罗摩衍那（六上）·战斗篇（上）》第五章终

# 第 六 章

哈奴曼在那楞伽城,
做出了非常可怕的事情;
他就像那高贵的天帝释,
使罗刹王们胆战心惊;
魔王含羞带愧地说了话,
他的脑袋有点往下倾: (6.6.1)

"这一座天险的楞伽城,
被他攻击,被他打破;
他仅仅不过是一只猴子,
他却能看到遮那竭公主悉多。 (6.6.2)

宫殿支提被打断,
优秀的罗刹被杀砍,
楞伽全城都混乱,
干这些事的是哈奴曼。 (6.6.3)

我怎么办?愿你们幸福!

首先应该干些什么?
能干什么?怎么干好?
请你们一一对我来说。 (6.6.4)

讨论商量是胜利的基础,
聪明的好人都这样说。
因此,力量大的罗刹呀!
我高兴同你们商量对付罗摩。 (6.6.5)

世界上有三种人:
高贵、低贱、中间;
所有这些人的特点,
我现在就谈上一谈。 (6.6.6)

在决定事情的时候,
要咨询精明的大臣,
或者目的相同的朋友,
或者善良的亲属们。 (6.6.7)

同他们商量了以后,
然后着手去办事;
按照天命去努力,
人们称他为最上士。 (6.6.8)

一个人单独去琢磨,
单独让心思把达磨遵;

一个人单独把事情干，
人们称他为中间的人。　　　　　　　　　　（6.6.9）


不分正确与错误，
丢掉对天命的信心；
'我要去干'，他这样说，
玩忽职责是最坏的人。　　　　　　　　　　（6.6.10）


正如世界上有三种人：
最上、最坏和中间，
也有最上、最坏和中间
这样的三种意见。　　　　　　　　　　　　（6.6.11）


用经典的眼光来看，
真正达到意见的统一，
大臣们专心一志去办事，
人们称之为最上主意。　　　　　　　　　　（6.6.12）


大臣们在决定办法时，
有很多不同的意见，
然后又达到了统一，
这种意见处在中间。　　　　　　　　　　　（6.6.13）


人们的意见彼此抵触，
说话也是互相撞顶，
最终也达到了意见统一，

这种主意最为下等。　　　　　　　　　　（6.6.14）

你们诸位都善出主意，
请你们仔细考虑考虑；
我们究竟要怎么办？
我要做些什么东西？　　　　　　　　　　（6.6.15）

罗摩已经率领来了
成千上万的英勇猴子；
罗摩来到这楞伽城，
要给我们把困难设置。　　　　　　　　　（6.6.16）

毫无疑问，那个罗摩
将会顺利地越过大海；
他利用自己有效的神力，
把弟弟和兵卒带来。　　　　　　　　　　（6.6.17）

猴子们搞的这些讨厌的事，
如果真正就这样发生，
城堡和兵卒如何是好？
请讨论商量说给我听。"　　　　　　　　（6.6.18）

《罗摩衍那（六上）·战斗篇（上）》第六章终

# 第 七 章

罗刹之王就是这样
对勇敢的罗刹说了话;
他们都合捧起双手,
说话回答罗刹王罗波那: (6.7.1)

"国王呀!有铁门闩和长枪,
有标梭、插杵和三股叉,
我们的兵卒力量极大,
可你为什么竟这样害怕? (6.7.2)

财神爷住在吉罗娑山顶,
有成群的夜叉围拥着他;
在一场大杀大砍之后,
他也屈服于你的手下。 (6.7.3)

他曾同湿婆结成友谊,
主子呀!他为此而吹嘘;
那个勇猛的世界保卫者,

你同他交手一怒而胜利。　　　　　　　（6.7.4）

你杀死了成群的夜叉，
你同他们起了纷争；
从那吉罗娑山顶上
你把云车抢到手中。　　　　　　　　　（6.7.5）

檀那婆的主子莫耶[27]，
害怕你，同你结成友谊；
罗刹王！他把亲生女儿
送给你做你的妻。　　　　　　　　　　（6.7.6）

有个檀那婆王名叫摩图，
无法战胜，勇猛威武；
他使得鸠毗那悉[28]欢喜，
同你冲突，被你折服。　　　　　　　　（6.7.7）

粗胳臂！你走到阴间，
把那些龙王战胜；
婆苏吉和陀刹伽，
商佉[29]、阁底[30]败在你手中。　　　（6.7.8）

主子呀！那些檀那婆，
无法消灭，无比勇敢；
他们曾得神的恩惠，
你同他们战斗了一年。　　　　　　　　（6.7.9）

依靠自己的力量，
你把他们一一打败；
消灭敌人的罗刹王！
很多幻术被你学来。 (6.7.10)

婆楼那的那些儿子们，
在战斗中勇猛无敌；
他们率领着四种兵，
粗胳臂！都屈服于你。 (6.7.11)

阎罗王的威力像海洋，
大鲨鱼是死神的神杖，
舍摩厘〔31〕是装饰它的海岛，
国王呀！你曾往里闯。 (6.7.12)

你得到了巨大的胜利，
死神被你所屈服；
你打得非常漂亮，
所有的人们都满足。 (6.7.13)

这个大地上充满了
许多英雄的刹帝利，
好像是充满了树木，
力量能同帝释相比。 (6.7.14)

他们的勇敢、威德和精力，

在战斗中罗摩无法相比；
国王呀！你制服了他们，
这些难胜的人被你击毙。 （6.7.15）

国王呀！从凡人那里，
不会给你带来灾殃，
你将会杀死罗摩，
你心里不要那样想。" （6.7.16）

《罗摩衍那（六上）·战斗篇（上）》第七章终

# 第 八 章

于是一个罗刹钵罗诃私陀,
样子像是一团黑云彩;
这一位将军双手合十,
对罗波那把话说开: (6.8.1)

"天神、檀那婆和乾闼婆,
毕舍遮、飞鸟和大蛇,
哪一个都不敢来惹你,
何况战场上的那些猴子? (6.8.2)

所有的罗刹都疏忽怠惰,
他们上了哈奴曼的当;
只要我还有一口气,
定要叫那些猴子死亡。 (6.8.3)

我要把这整个大地,
连同大海、山岳和莽丛,
都搞得没有一个猴子;

就请主公给我下命令。　　　　　　　　（6.8.4）

罗刹呀！我要保卫你，
不受猴子们的侵扰；
由自己错误产生的不幸，
决不会使你感到烦恼。"　　　　　　　（6.8.5）

一个罗刹名叫杜哩牟伽，
他怒气冲冲把话来说：
"不能容忍这一件事，
这是对我们全体的辱没。　　　　　　（6.8.6）

这是对全城和后宫的
一件极大的污辱；
猴子头领竟胆敢
欺负压迫罗刹主。　　　　　　　　　（6.8.7）

我孤身一个在这时刻，
就能够把那群猴子阻拦；
把他们赶到大海里去，
赶到可怕的天空和地狱中间。"　　　（6.8.8）

勇猛的婆竭罗檀施特罗，
怒气冲冲地把话来说，
他抓起可怕的门闩，
上面肉和鲜血往下滴落：　　　　　　（6.8.9）

"那个小丑哈奴曼，
怎么竟敢把你欺压？
他依仗着那个罗摩、
须羯哩婆和罗什曼那。 （6.8.10）

我今天迎战罗摩和须羯哩婆，
手执门闩，孤单一身；
还有那一个罗什曼那，
把他们都杀死，消灭猴军。" （6.8.11）

鸠槃羯叻拿的儿子，
英雄的尼空波[32]，
怒气冲冲对罗波那
世界的叫吼子[33]把话说： （6.8.12）

"你们列位都必须
同大王同心协力；
至于罗摩、罗什曼那，
我一个人就能击毙。" （6.8.13）

于是又有一个罗刹，
婆竭罗诃奴[34]山一般高，
他用舌头舔了舔嘴唇，
怒气冲冲把话说道： （6.8.14）

"你们都不要性急，

要小心谨慎把事情搞；
所有那些猴子头领，
我孤身一个就能吃掉。 （6.8.15）

你们在这里玩耍吧！
你们安心喝蜜酒吧！
我孤身一个就能杀死
须羯哩婆和罗什曼那；
连同鸯伽陀和哈奴曼，
战场统帅罗摩也要杀。" （6.8.16）

《罗摩衍那（六上）·战斗篇（上）》第八章终

# 第 九 章

于是尼空波和罗婆萨[35],
还有大力的苏哩耶设睹卢,
须菩陀祇那[36]和耶若古波[37],
摩诃波哩湿婆和摩护陀罗,　　　　　(6.9.1)

阿耆计都[38]和杜哩陀哩娑[39],
还有罗刹罗湿弥计都[40],
罗波那的亲生儿子,
勇猛坚毅的因陀罗耆,　　　　　　　(6.9.2)

钵罗诃私陀和毗噜钵刹,
还有大力的婆竭罗檀湿特罗,
个子极高的图牟罗刹,
还有罗刹杜哩牟伽,　　　　　　　　(6.9.3)

拿着门闩、三股叉和标枪,
拿着短枪、插杵和大钺,
拿着硬弓,带着利箭,

拿着宝剑,锐利宽阔。 (6.9.4)

罗刹们拿着这些兵器,
怒气冲冲地站了起来;
好像是被烈焰燃烧着,
一齐对罗波那把话说开: (6.9.5)

"我们今天一定要杀死
罗摩和罗什曼那,
还有那个小丑哈奴曼,
是他捣毁了楞伽。" (6.9.6)

他们手里都拿着兵器,
维毗沙那把他们阻挡;
他把双手合捧起来,
拦住他们把话来讲: (6.9.7)

"亲爱的!如果用三种手段,
仍然不能够达到目的,
在这时候,聪明人说,
使用武力才算是适宜。 (6.9.8)

对头脑发热的、被围攻的,
对被命运决定了的,
亲爱的!经过周详考虑,
使用武力才能够胜利。 (6.9.9)

你们怎么竟想攻击
那个难以制胜的人?
他头脑清醒渴望胜利,
又有兵卒作他的后盾。 (6.9.10)

跳越过了这海洋,
这可怕的众水之王,
哈奴曼做了艰巨的事,
对这一点谁能猜想? (6.9.11)

罗刹们呀!他们的兵力,
无法猜度,力大无穷;
你们在任何情况下,
都不能掉以轻心把它看轻。 (6.9.12)

从前罗摩干了什么事,
得罪了你们这些罗刹王,
你们竟从阇那斯陀那
把那善良人的老婆来抢? (6.9.13)

那个伽罗[41]行动过了头,
在战场上被罗摩杀掉;
毫无疑问,所有的生物
都用尽力量把性命来保。 (6.9.14)

从许多朕兆上来看,

悉多会给我们带来很大危险；
为什么把她抢到这里来？
这只能给我们制造争端。 (6.9.15)

那个人行动遵守达磨，
他决不会饶恕我们的罪；
为了消除敌意和怨仇，
请把悉多给他送回。 (6.9.16)

这座城里有象又有车，
充斥着珍奇的宝贝；
请把悉多送还给他，
免得他用箭把全城摧毁。 (6.9.17)

那非常可怕的猴子大军，
力量强大，不可摧毁；
在他们征服楞伽以前，
请把悉多给他送回。 (6.9.18)

列位英雄的罗刹！
这楞伽城将被摧破，
如果你们不把悉多
亲自送还给罗摩。 (6.9.19)

我用亲属情谊请求你，
请你听从我的话吧！

我的话对你有好处,
请把悉多送还给他。 (6.9.20)

那个国王的太子
射箭从不虚发;
那些箭有羽毛装饰,
像秋天的月华;
那些箭坚实锐利,
能够把你来杀;
在他射出箭以前,
把悉多送还给他。 (6.9.21)

请你丢掉忿怒吧!
它会消灭幸福和达磨;
请你把达磨来享受,
还有令誉、繁荣和快乐;
振作起来!同着儿子,
同着亲眷一起生活;
请你把那个悉多,
送还给十车王子罗摩。" (6.9.22)

《罗摩衍那(六上)·战斗篇(上)》第九章终

# 第 十 章

维毗沙那说了这番
有道理怀善意的话；
魔王罗波那死到临头，
竟用粗暴的话来回答： （6.10.1）

"宁愿同敌人住在一起，
或者同忿怒的毒蛇，
也不愿听朋友的诽谤，
他实际上是敌人的喉舌。 （6.10.2）

罗刹呀！我很知道
全世界亲眷的那一套；
自己的亲眷倒了霉，
这些亲眷采烈兴高。 （6.10.3）

罗刹呀！优秀的修习士[42]，
有学问的，有道德的，
这些亲眷就都忌妒；

勇敢的,他们就压欺。 (6.10.4)

对方有灾难,他们高兴;
经常剑拔弩张,威胁对方;
彼此都把心遮盖起来,
残酷的亲属带来恐慌。 (6.10.5)

在某一个荷花丛里,
大象看到一些人手持绳索;
它们就念出了一些诗,
请听!我给你们说一说: (6.10.6)

'我们不怕兵器不怕火,
我们也不怕那些绳索;
我们最怕自己的亲属,
他们残酷只想到自我。 (6.10.7)

毫无疑问,他们将告诉
别人捕捉我们的方法;
什么东西也比不上
自己的亲属那样可怕。 (6.10.8)

甜牛奶到母牛那里去找,
想克己就去找婆罗门,
水性杨花的是妇女,
亲属就是恐怖的原因。' (6.10.9)

我受到世人的尊敬，
伙计呀！你就不高兴；
我权威大，出身高贵，
我高踞在敌人的头顶。　　　　　　　　（6.10.10）


罗刹呀！如果是别人
这样地把话来说，
我立刻就让他完蛋，
呸！你把我们的门第辱没。"　　　　　（6.10.11）


维毗沙那说话合理，
却听到这样粗暴的话；
他手执棍棒站了起来，
率领着四个罗刹。　　　　　　　　　　（6.10.12）


维毗沙那怒气冲冲，
这光辉的罗刹跳到空中；
他又对哥哥罗刹王
把话说给他听：　　　　　　　　　　　（6.10.13）


"国王呀！你是我的哥哥，
你对我愿意怎么说就怎么说；
你这些粗暴虚伪的话，
我决不能容忍同你讲和。　　　　　　　（6.10.14）


十头魔王！怀着善意

说出的彬彬有礼的话，
那些恣睢狂暴者不听，
他们就为死神所抓。　　　　　　　　（6.10.15）

国王呀！甜言蜜语的人，
经常总是容易找到；
能够逆耳忠言的人，
这种人却十分寥寥。　　　　　　　　（6.10.16）

你被死神的绳索所缚，
它能夺走一切生物；
我不忍看着你毁灭，
像一所着了火的房屋。　　　　　　　（6.10.17）

罗摩的那些弓箭，
锐利，装饰着金子；
我决不愿意看到，
你被那些箭射死。　　　　　　　　　（6.10.18）

那些勇猛的英雄，
擅长使用各种兵器；
死神一旦来到跟前，
也像沙桥一样倒地。　　　　　　　　（6.10.19）

无论如何要保卫自己，
保卫这座住满罗刹的城；

愿你幸福！我要走了，
愿你没有我而高兴。　　　　　　　　　　（6.10.20）

我真是满怀善意，
把你来劝阻；
但是我的话，罗刹！
却使你发怒。
快要死亡的人，
生命就要结束；
他决不会听从
亲眷善意的嘱咐。"　　　　　　　　　　（6.10.21）

《罗摩衍那（六上）·战斗篇（上）》第十章终

# 第十一章

对罗波那说完严厉的话，
罗波那的那个弟弟，
一转眼的工夫来到了
罗摩和罗什曼那那里。　　　　　(6.11.1)

他长得像须弥山峰，
像一条燃烧的闪电；
他飞行在天空中，
猴子们站在地上看。　　　　　(6.11.2)

那一个猴王须羯哩婆，
看到他们五个来到；
这可怕的聪明的猴王，
同众猴子一起思考。　　　　　(6.11.3)

考虑了一会儿以后，
他就对猴子们开了口，
对所有的猴子作了回答，

猴子们以哈奴曼为首： (6.11.4)

"这一个罗刹全副武装，
带领着四个罗刹来到；
请你们看一看呀！
他无疑想把我们杀掉。" (6.11.5)

听了须羯哩婆的话，
所有这一些猴子头领，
拿起了树木和石头，
这样把话说给他听： (6.11.6)

"国王呀！请赶快下令，
我们把坏蛋们杀掉；
让这些短命的坏蛋，
一起被杀死往地下倒。" (6.11.7)

当他们互相说话时，
维毗沙那就站立
在这大海的北岸，
停留在那天空里。 (6.11.8)

有大智慧的维毗沙那，
看了看须羯哩婆他们，
站在空中对他们说了话，
用了非常高的声音： (6.11.9)

"有一个叫罗波那的罗刹,
是罗刹国王,一个坏家伙;
我就是这个罗刹王的弟弟,
人们用维毗沙那来称呼我。 (6.11.10)

他从阇那私陀那抢走悉多,
杀死阇吒优私的也是他;
悉多现在被囚禁在那里,
看守她的是许多女罗刹。 (6.11.11)

我曾用种种合理的话,
我对他一说再说,
把他来启迪开导,
把悉多送还给罗摩。 (6.11.12)

可罗波那死到临头,
他一点也不听我的开导;
我对他进了许多良言,
他像临死的人不肯吃药。 (6.11.13)

我受了他的污辱,
他对待我像个奴隶;
我因此丢掉妻子
到这里来投奔你。 (6.11.14)

高贵尊严的罗摩,

是全人类的庇护；
请你们向他报告：
维毗沙那来到此处。" （6.11.15）


听完了他这一番话，
跳跃迅速的须羯哩婆，
在罗什曼那面前，
激动地对罗摩说： （6.11.16）


"罗波那的一个弟弟，
名字叫维毗沙那；
他现在投奔你来，
率领着四个罗刹。 （6.11.17）


你要知道，维毗沙那
是受了罗波那的嘱咐，
因此，能容忍的人呀！
我认为应该对他惩处。 （6.11.18）


罗刹是怀着恶意，
受指使来到这里；
用幻术把真相掩盖，
罗摩！得到信任就害你。 （6.11.19）


应该把他同伙伴，
用严厉的棍子击毙；

因为这个维毗沙那，
是狡诈的罗波那的弟弟。" （6.11.20）

猴军统帅就是这样
激动地对罗摩把话说；
他擅长辞令说话有益，
说完话就陷入了沉默。 （6.11.21）

那一个勇猛的罗摩，
把须羯哩婆的话听完，
就对以哈奴曼为首的
跟前的猴子们开了言： （6.11.22）

"这位猴王所说的
有关罗波那的话，
真是非常有道理，
你们都已经听到啦。 （6.11.23）

在安乐中，在患难中，
如果希望永远幸福兴隆，
即使聪明也要听信朋友，
朋友善良，朋友聪明。" （6.11.24）

这一群精勤不懈的猴子，
一个一个被问到自己的意见；
他们都希望罗摩幸福，

就都恭恭敬敬地开了言: (6.11.25)

"罗摩呀!在三个世界中,
你没有不知道的东西;
罗摩呀!你询问我们,
是出于对我们的尊敬和友谊。 (6.11.26)

你忠于誓言,勇敢善战,
遵守达磨,坚定勇敢,
把自己完全托付给朋友,
检查周详,精通法典。 (6.11.27)

现在就让你那一些参谋,
一个一个地把话来说;
他们都聪明有智慧,
一再证明他们能把事情做。" (6.11.28)

这样对罗摩说了话,
首先是聪明的鸯伽陀,
为了检查维毗沙那,
开口对罗摩把话来说: (6.11.29)

"他来自敌人那里,
无论如何也要问一问;
因此,对维毗沙那,
我们不能立刻就信任。 (6.11.30)

那些阴险狡诈的敌人，
把自己的真相掩盖起来；
然后努力钻我们的空子，
他能够带来极大的灾害。 （6.11.31）

有利和不利的情况考虑过，
然后才能下定决心去干；
如果有利就接待他，
如果不利就把他赶。 （6.11.32）

如果有很大的不利，
就坚决把他丢开；
看到有很多好处，
国王！就把他接待。" （6.11.33）

舍罗婆想了一想，
开口说重要的话：
"猛虎般的人！赶快设法，
派个间谍去对付他。 （6.11.34）

派出机警的间谍，
按照实际情况来派；
把他仔细检查以后，
然后如仪加以接待。" （6.11.35）

阇婆梵看了看，

他有学问通经术;
他说出了有益的话,
里面没有什么错误: （6.11.36）

"那个坏蛋罗刹王,
死到临头派奸细;
时间地点都不对,
无论如何要怀疑。" （6.11.37）

曼陀也看了看,
善行恶行他都懂;
擅长辞令把话说,
语言有理又分明: （6.11.38）

"维毗沙那说了些
关于罗波那的话;
你要慢慢地,人主呀!
用甜言蜜语考验他。 （6.11.39）

了解了他的实情以后,
再想出适当的措施;
他究竟是坏还是不坏,
杰出的人!首先要察知。" （6.11.40）

接着,大臣的魁首哈奴曼,
他精通经典,有学问,

他说出了动听的话,
甜蜜悦耳意义深: (6.11.41)

"连祈祷主说起话来,
也没有法子超过你;
聪明人中你最好,
能说话的人中你第一。 (6.11.42)

不为争论,不是妒忌,
不为争胜,不是随意,
国王呀!我现在说话,
罗摩!只是为了尊敬你。 (6.11.43)

你那些参谋说的话,
不管是有用还是没用,
我看起来都有毛病,
因为都没有法去执行。 (6.11.44)

不让人做某些事情,
就无法考验他的本领;
但这样突然让人去干,
我看这里面有毛病。 (6.11.45)

你那些参谋都说,
先要把一个间谍派遣;
这没有什么用处,

根本不能这样去干。　　　　　　　　（6.11.46）

至于说维毗沙那来这里，
不是时候，地方也不对；
那么我就要说上几句话，
请你来判断一下是非。　　　　　　（6.11.47）

他来得正是时候，
来的地方也对头；
离开一人找一人，
一有道理一没有。　　　　　　　　（6.11.48）

看到罗波那不义，
看到你英勇无敌；
他这样来投奔你，
是出于仔细考虑。　　　　　　　　（6.11.49）

至于说派人穿上伪装，
国王呀！把他去问清；
对于这样的说法，
我有几点意见要提供。　　　　　　（6.11.50）

不管问他什么样的话，
一个聪明人立刻会警惕；
这样就得罪来投奔的朋友，
问他也不会问出什么东西。　　　　（6.11.51）

国王呀！仓仓促促地
不会了解别人的情怀；
从别人说话的声调中，
机灵的人可以辨别出来。　　　　　　　　（6.11.52）

从他那些谈话中，
一点也看不出恶意；
他的面色很平静，
我一点也不怀疑。　　　　　　　　　　　（6.11.53）

他心里很沉着，
一点也看不出恶意；
连他的话也和善，
我一点也不怀疑。　　　　　　　　　　　（6.11.54）

即使把真相隐蔽起来，
也不能够隐蔽得住；
人们内心里的真相，
无论如何也会透露。　　　　　　　　　　（6.11.55）

深通事理的人呀！
他的举动时地都相合；
经过精心周详的考虑，
他动作迅速很有效。　　　　　　　　　　（6.11.56）

他看到你努力备战，

看到罗波那倒行逆施；
听到须羯哩婆被灌顶，
听到波林被你杀死。　　　　　（6.11.57）


他想夺取那个王位，
未雨绸缪来到这里；
考虑到这一切情况，
应该对他妥善处理。　　　　　（6.11.58）


我尽上我的力量，
说明了罗刹的正直；
最聪明的人！听了以后，
你就要采取措施。"　　　　　（6.11.59）


《罗摩衍那（六上）·战斗篇（上）》第十一章终

# 第十二章

听了风神儿子的话，
心境沉静的罗摩，
这多闻无敌的人，
就决断地回答说： (6.12.1)

"关于那个维毗沙那，
我想说上几句话；
你们都繁荣幸福，
愿你们仔细听一下。 (6.12.2)

我无论如何不应拒绝
一个来投奔的朋友；
即使他身上还有缺点，
好人也不责备訾诟。" (6.12.3)

群猴之主须羯哩婆，
听完了罗摩说的话；
内心友情逼迫着他，

对罗摩作了回答： (6.12.4)

"你这精通达磨的人！
世界上最好的国王！
你这样说有什么奇怪？
你站在好的道路上。 (6.12.5)

我内心里完全知道，
维毗沙那本性善良；
根据推论和现象，
对他已经检查周详。 (6.12.6)

因此，罗摩呀！请立即
让他加入我们一伙；
维毗沙那有大智慧，
让他同我们团结合作。" (6.12.7)

听了须羯哩婆的话，
罗摩心里仔细琢磨；
他又对猴子的魁首，
开口把美好的话来说： (6.12.8)

"不管这个罗刹，
用意是善还是恶；
连最小的危害，
对我他也不能做。 (6.12.9)

那些毕舍遮和檀那婆，
大地上的夜叉和罗刹，
猴子魁首！指尖一动，
我就能把他们来杀。　　　　　　　（6.12.10）

我听说鸽子的仇敌，
来投奔那一只鸽子；
它彬彬有礼地接待他，
让他把自己的肉来吃。　　　　　　（6.12.11）

敌人杀了它的丈夫，
投奔它来就款待如宾；
杰出的猴子！鸽子这样，
何况像我这样的人？　　　　　　　（6.12.12）

最高仙人甘琉[43]，
他父亲是仙人甘婆；
他总把实话来说，
请听他的一首伽陀：　　　　　　　（6.12.13）

'敌人遭难来投奔你，
来到这里，双手合十；
即使为了仁慈，克敌者！
你也不能把他杀死。　　　　　　　（6.12.14）

如果受迫害或者发昏，

敌人来到这里投奔，
即使拼上自己的命，
克己的人也要保护敌人。　　　　　　（6.12.15）


或者出于恐惧，或者愚蠢，
或者是故意没有尽力，
不把这样一个生物来保护，
这就是犯罪，受到世人的诟詈。　　　（6.12.16）


如果一个人投奔保护者来，
保护者眼睁睁看着他被消灭，
那么这个没有受到保护的人，
就会占有保护者的一切功德。　　　　（6.12.17）


不保护来投奔的人，
这就是很大的罪过；
不能升天，不能享名，
力量精力都要消竭。'　　　　　　　（6.12.18）


甘琉这些无上良言，
我要认真去遵行；
正义、荣誉和天堂，
就将是我的报应。　　　　　　　　　（6.12.19）


那突然投奔了来的人，
'我是你的'，他请求说；

我要给所有的生物无畏,
我立誓一定要这样去做。 （6.12.20）

高贵的猴子！把他带来！
我就要赐给他无畏；
须羯哩婆！不管他是维毗沙那，
还是罗波那本人投奔来归。" （6.12.21）

猴王须羯哩婆，
原来说了一番话；
这一个人王帝主，
现在就来安慰他。
这个堡垒的破坏者，
步履轻捷走向前；
他活像一只鸟王，
同维毗沙那会面。 （6.12.22）

《罗摩衍那（六上）·战斗篇（上）》第十二章终

# 第十三章

罗摩赐给他了无畏,
罗波那弟弟连忙鞠躬;
他高兴得从天空降下,
带领着四个忠诚的随从。 (6.13.1)

虔诚的维毗沙那,
在罗摩脚前跪下;
他急切请求庇护,
还有那四个罗刹。 (6.13.2)

维毗沙那在这时,
对罗摩把话来说;
听了令人真高兴,
合情合理合达磨: (6.13.3)

"我是罗波那的弟弟,
受到了他的诟詈;
你庇护一切众生,

现在我来投奔你。　　　　　　　　　　（6.13.4）

我丢掉了那楞伽城，
丢掉了朋友和金钱；
我的王国、生命和幸福，
都完全在你手里攥。　　　　　　　　　（6.13.5）

屠杀那一些罗刹，
把楞伽城来围困；
我都尽力协助，
我要参加大军。"　　　　　　　　　　（6.13.6）

维毗沙那这样说完，
罗摩把他搂抱在怀；
他愉快地告诉罗什曼那：
"你从海里把水取来。　　　　　　　　（6.13.7）

这大智慧的维毗沙那，
你用海水为他把顶灌；
把他拥立为罗刹国王，
亲爱的！就在我的眼前。"　　　　　　（6.13.8）

罗什曼那听了这话，
就给维毗沙那灌顶；
在群猴面前立他为王，
遵照罗摩的命令。　　　　　　　　　　（6.13.9）

看到罗摩的恩惠,
猴子们立刻欢跃;
他们都纵声大叫:
"好哇,好哇!"他们说。　　　　　(6.13.10)

哈奴曼和须羯哩婆,
对维毗沙那把话说:
"我们怎样才能够
把这片大海越过?　　　　　　　　(6.13.11)

我们要想一些办法
把婆楼那的这住处,
把这个万水之王,
率领全军一起飞渡。"　　　　　　(6.13.12)

维毗沙那深通达磨,
听到这话就回答说:
"应该求助于海神,
这人王帝主的罗摩。　　　　　　　(6.13.13)

这一片浩茫的大海,
是萨竭罗亲手挖掘;
因此,罗摩是它的亲属,
大海应该对他加以提携。"　　　　(6.13.14)

那个聪明的罗刹

维毗沙那这样一说；
天性纯诚的罗摩，
心里面乐不可遏。 （6.13.15）

光辉的善于办事的罗摩，
对罗什曼那和须羯哩婆，
让他俩准备敬神的礼品，
笑了一笑就把话来说： （6.13.16）

"维毗沙那出的主意，
罗什曼那！我很喜欢；
如果你也喜欢它，
就同须羯哩婆谈一谈。 （6.13.17）

须羯哩婆总是很聪明，
你也善于出谋划策；
我把任务交给你们俩，
你说，你们想怎样做。" （6.13.18）

两个英雄听到这样说，
须羯哩婆和罗什曼那，
他们俩就彬彬有礼地
把罗摩的话来回答： （6.13.19）

"猛虎般的罗摩呀！
我们为什么不高兴？

维毗沙那所说的，
在这时候非常有用。　　　　　　　　（6.13.20）


在可怕的婆楼那的住处，
在大海上如果不搭桥，
就连以因陀罗为首的神仙，
也没有法子把楞伽到。　　　　　　　（6.13.21）


维毗沙那是个英雄，
应该按照他说的去干；
要立刻去向大海祈祷，
时间不能再拖延。"　　　　　　　　（6.13.22）


罗摩听完了这一番话，
就在海边俱舍草席上，
坐在那里安静休息，
像祭火在火坛上一样。　　　　　　　（6.13.23）


《罗摩衍那（六上）·战斗篇（上）》第十三章终

# 第十四章

罗摩在海边地上,
在俱舍草席上沉沉睡酣,
他完完全全精勤不懈,
这样就过去了三个夜晚。　　　　　　　(6.14.1)

可是那海神却慢慢腾腾,
不出来同罗摩见面;
虽然罗摩洁心诚意,
遵照仪式把他赞叹。　　　　　　　　　(6.14.2)

罗摩两个眼角变红,
气得一下子发了火;
有吉祥相的罗什曼那
站在他身边,他对他说:　　　　　　　(6.14.3)

"你看呀!罗什曼那!
我把他尊敬礼拜,
这个坏蛋大海,

却傲慢不肯出来。　　　　　　　　　　（6.14.4）

安静平和,还有容忍,
正直无邪、说话和气,
好人们的这些品德,
坏人却认为是无能为力。　　　　　　　（6.14.5）

自吹自擂、专干坏事、
好勇斗狠、四出奔驰,
任意把别人来惩罚,
世界上对这种人重视。　　　　　　　　（6.14.6）

用仁慈得不到荣誉,
用仁慈得不到令名,
罗什曼那!在世界上,
走向战场才能成功。　　　　　　　　　（6.14.7）

今天我用箭射中摩竭大鱼,
这些鱼要四出奔突;
罗什曼那!你且看吧!
它们会把这大海堵住。　　　　　　　　（6.14.8）

那些大鱼的躯体,
那些毒蛇的蛇冠,
那些大象的鼻子,
你看!都将被我射穿。　　　　　　　　（6.14.9）

今天我要大战射箭，
让这大海彻底干涸；
连同它那些海螺、珠母，
连同大鱼和摩竭鱼一伙。 （6.14.10）

我表现了容忍耐性，
这摩竭鱼的住宅[44]，
却认为我没有本事，
呸！我对这家伙的忍耐！ （6.14.11）

罗什曼那！把弓拿来！
那些利箭像毒蛇一样；
这大海真是深不可测，
我今天一怒把它摇荡。 （6.14.12）

婆楼那的住处大海，
上潮时有堤岸来防卫；
刹那间里面波浪滔天，
我要用箭把堤岸摧毁。" （6.14.13）

他说完话拿起劲弓，
直气得他双眼圆睁；
好像那劫末的烈火，
罗摩没有人能战胜。 （6.14.14）

这张可怕的弓射出利箭，

把这个大地折磨震荡;
它射出了许多支没羽箭,
像因陀罗投出金刚杵一样。 （6.14.15）

这些最好的利箭,
光辉闪烁飞势迅猛;
突然钻到海水里去,
水里的龙蛇都吃惊。 （6.14.16）

大海里的波涛,
立刻就汹涌澎湃;
风声合着涛声,
海里充满鱼和海怪。 （6.14.17）

海上盖满层层大浪,
里面卷着海螺和珠母;
大海一下子抖动起来,
大浪里面卷着烟雾。 （6.14.18）

那些大蛇受到折磨,
眼里发光,嘴里喷火;
地狱里面的鬼魂也难受,
还有精力强大的檀那婆。 （6.14.19）

万水之王大海的波涛,
鳄鱼和摩竭鱼就在其中;

成千上万地向上腾涌，
好像宾阇耶和曼多罗山峰。 （6.14.20）

这万水之壑的大海，
一霎时浊浪滔天；
大海和罗刹都震动，
大鲨鱼在里面滚翻。 （6.14.21）

《罗摩衍那（六上）·战斗篇（上）》第十四章终

# 第十五章

于是海神自己站了出来，
正在大海的中央；
好像是一轮红日，
升起在须弥山顶上；
他率领着一群大蛇，
嘴里往外喷着火光。　　　　　　　（6.15.1）

他样子美得像琉璃，
衣服上有红色花环；
他戴着一些黄金首饰，
眼睛像荷花瓣一般。　　　　　　　（6.15.2）

精神抖擞的海神，
先敬礼然后迈步向前；
罗摩手里拿着弓箭，
海神双手合十开了言：　　　　　　（6.15.3）

"这大地、风、天空和水，

罗摩呀!还有阳光,
亲爱的!都有个性,
走在永恒的道路上。 (6.15.4)

我的个性呢,那就是
深不可测,无法渡过;
可以改变的是浅滩,
我现在对你这样说。 (6.15.5)

太子呀!不能出于爱,
不能出于贪婪和恐惧,
我就会把水收起,
连同鲨鱼和鳄鱼。 (6.15.6)

罗摩呀!我这样打算,
我将努力忍受一切;
在你的军队过海时,
鲨鱼将不去干扰阻截。 (6.15.7)

工巧大神的儿子,
亲爱的!名叫那罗;
他受到父亲的恩惠,
技巧同父亲差不多。 (6.15.8)

就让这精力巨大的猴子,
在我身上搭一座桥;

我将会把一切都忍受,
他的手艺同父亲一样高。" （6.15.9）

说完话,海神就消逝不见,
那罗却在罗摩眼前站;
这一个有大力的猴子,
对罗摩张嘴开了言: （6.15.10）

"我将在辽阔的大海上,
修建上一座大桥;
海神说的都是实话,
我同父亲一样艺高。 （6.15.11）

工巧大神在曼多罗山,
给了我的母亲恩惠;
我就是工巧大神之子,
同他完全可以媲美。 （6.15.12）

过去没有人问过我,
我也不愿讲自己的美德;
今天就让那些猴子,
修一座桥把大海越过。" （6.15.13）

遵照罗摩的指示,
猴子头领从八方四面,
向那大森林奔去,

兴奋愉快，成百成千。 （6.15.14）

这些猴群的头领，
个子都像山岳一般；
猴子们砍倒了大树，
又把大树拉到海边。 （6.15.15）

猴子们用娑罗和马耳，
用陀婆和竹子，
用俱吒竭、阿周那和多罗，
用底罗伽和底弥舍， （6.15.16）

用毗里婆伽和七叶树，
用开着花的迦哩尼伽罗，
用芒果树和无忧树[45]，
填满了大海的深壑。 （6.15.17）

有的有根，有的没有，
砍这些大树的是猴子；
猴子们把大树拖走，
像是因陀罗的旗帜。 （6.15.18）

山被投进了大海，
海水忽然汹涌澎湃；
波涛一直涌向太空，
然后又从上面翻落下来。 （6.15.19）

这座桥有十由旬宽，
它有一百由旬长；
那罗修建的大桥，
在万水之王的中央。　　　　　　　（6.15.20）

石头投到海里去，
山也投到海里面；
巨大喧闹的声音，
在海里到处回旋。　　　　　　　　（6.15.21）

在摩竭鱼住的大海中，
那罗修建了一座大桥；
它看上去美丽动人，
像空中亢宿的轨道。　　　　　　　（6.15.22）

神仙们和乾闼婆，
悉陀和无上大仙，
来到这里，站在空中，
都想把这奇迹看一看。　　　　　　（6.15.23）

猴子们跳来跳去，
他们大声叫呼；
他们看到这奇迹，
不可思议，毛发直竖；
所有的众生都看到
大海上一桥立矗。　　　　　　　　（6.15.24）

英勇有力的猴子们,
数目真是成亿上万;
他们在大海上修桥,
一直走到大海对岸。 (6.15.25)

这座大桥宽敞结实,
地点恰当,建造牢坚;
它看上去非常美丽,
宛如大海中的界线。 (6.15.26)

维毗沙那在海对岸,
手里拿着弓和箭;
他同随从站在那里,
防备敌人把桥攻占。 (6.15.27)

光辉的罗摩和罗什曼那,
走在大军的最前面;
须羯哩婆跟在他们身后,
这虔诚的猴王手执弓箭。 (6.15.28)

有一些猴子走在中间,
另一些猴子走在旁边;
有一些猴子跳到水里,
另一些猴子无路可钻;
还有一些跳上了天空,
好像是金翅鸟一般。 (6.15.29)

海里面波涛汹涌,
发出了巨大的轰鸣;
可怕的猴军在前进中,
他们压住可怕的闹声。 (6.15.30)

沿着那罗修的这座桥,
猴子大军就过了海;
过去后国王命令他们,
在根茎多、果多、水多的岸边扎寨。 (6.15.31)

那一些神仙们,
悉陀和天上歌手,
看到了罗摩的业绩,
真是艰巨又稀有。
他们陪着大仙,
一起来看罗摩;
他们用洁净的水,
向罗摩身上泼: (6.15.32)

"国王!在长时间里,
愿你战胜强敌;
大地四面环海,
愿你保卫这大地。"
世上的人王帝主,
也都礼拜罗摩;
用种种纯洁的语言,

他们对罗摩颂歌。 （6.15.33）

《罗摩衍那（六上）·战斗篇（上）》第十五章终

# 第十六章

十车王的儿子罗摩,
率领大军把大海渡过。
于是罗波那对两个大臣,
苏伽和娑罗那把话来说: （6.16.1）

"罗摩在海上架了桥,
这事情从来没见过;
全部猴军过了海,
这事情真正难得。 （6.16.2）

我无论如何也不相信,
在海上竟然能搭桥;
我反正要计算一下,
猴子究竟有多少。 （6.16.3）

你们俩混入猴子大军,
不要被人家识破;
要探清措施和兵力,

为首的猴子如何。 (6.16.4)

谁是罗摩和须羯哩婆的
受到尊敬的参谋?
谁走在大军前面?
谁是真正地英武? (6.16.5)

在这一片大海上面,
怎样把桥来搭架?
这些高贵的猴子们,
怎样在这里驻扎? (6.16.6)

罗摩的决心怎么样?
他的威力和兵器;
罗什曼那这英雄,
你们都要探听仔细。 (6.16.7)

那一群勇猛的猴子,
谁是他们的统帅?
你们探清楚以后,
就赶快转身回来。" (6.16.8)

苏伽和娑罗那
两个罗刹得到命令,
摇身变成了猴子,
就混入猴子军中。 (6.16.9)

猴子大军不可思议，
真正令人毛发直竖；
苏伽和娑罗那两个，
数不清他们的数目。　　　　　　（6.16.10）

他们驻扎在山顶上，
驻扎在谷中和洞中，
驻扎在大海的边上，
驻扎在森林和莽丛。　　　　　　（6.16.11）

有的正在渡过，有的已经渡过，
有的千方百计地想要渡过，
有的正在驻扎，有的已经驻扎，
他们的吼声可怕，他们力量多。　（6.16.12）

他们俩伪装又隐蔽，
却被光辉的维毗沙那盯牢；
他捉住了苏伽和娑罗那，
就走到罗摩那里去报告：
"战胜敌人者！这两个间谍，
从那楞伽城偷偷来到。"　　　　（6.16.13）

这两个罗刹看到罗摩，
担心自己的性命难保；
哆哆嗦嗦，双手合十，
对罗摩把话说道：　　　　　　　（6.16.14）

"我们俩奉罗波那之命,
亲爱的!偷偷来到这里;
罗摩呀!我们想探听
你这大军的整个兵力。" （6.16.15）

十车王的儿子罗摩,
听到两个罗刹这样说;
他就笑了笑开口说话,
众生的幸福使他快乐: （6.16.16）

"如果你们已经看了全军,
对我们了解得完完全全;
完成了主子交给的任务,
你们就可以自由回转。 （6.16.17）

你们俩回到楞伽城,
请对财神爷的儿子罗波那,
对那一个罗刹的国王,
把我的话一一传达: （6.16.18）

'你仗恃着你的力量,
蛮横地把悉多抢走;
那就请你把力量显示,
率领着大军和朋友。 （6.16.19）

明天的时候,你就瞧吧!

楞伽城连同城墙和拱门,
将会被我的利箭摧毁,
还有你那罗刹全军。　　　　　　（6.16.20)

我要爆发出可怕的忿怒,
保卫你的兵卒吧,罗波那!
像因陀罗用金刚杵杀檀那婆,
我明天就要把罗刹来杀。'"　　　（6.16.21)

两个罗刹苏伽和娑罗那,
就是这样受到嘱托;
他们俩回到了楞伽城,
对罗刹王把话来说:　　　　　　（6.16.22)

"维毗沙那抓住我们俩,
想把我们杀死,罗刹王!
虔诚的罗摩看到我们,
这威力无量的人把我们释放。　　（6.16.23)

那四个人中的英雄,
他们共同携起手来;
他们英武像四大天王,
武艺娴熟,极有能耐。　　　　　（6.16.24)

光辉的十车王之子罗摩,
同罗什曼那、维毗沙那一伙,

还有威力极大的须羯哩婆,
四个人都像伟大的因陀罗。　　　　　　（6.16.25）

那一座大城楞伽,
连同城墙和拱门,
不用所有的猴子,
他们四个就能进。　　　　　　　　　　（6.16.26）

罗摩的形象就是这样,
还有他的那些兵器;
他孤身就能摧毁楞伽,
让那三个站在那里。　　　　　　　　　（6.16.27）

罗摩,还有罗什曼那,
须羯哩婆统率这军队;
连所有的神仙和妖魔,
都难以把它摧毁。　　　　　　　　　　（6.16.28）

这一支猴子大军,
个个欢腾喜悦;
猴子高贵尊严,
都想上阵肉搏。
不要再阻拦了,
要追求幸福快乐;
请把那个悉多,
送还给罗摩。"　　　　　　　　　　　（6.16.29）

《罗摩衍那（六上）·战斗篇（上）》第十六章终

# 第十七章

娑罗那说的这番话，
道理透，益处多；
罗波那听了以后，
便对娑罗那开口说： (6.17.1)

"如果天神和乾闼婆，
还有檀那婆一齐进攻我，
即使全世界都害了怕，
我也决不会归还悉多。 (6.17.2)

亲爱的！你害了怕，
你被猴子吓破了胆；
你这样大概就认为，
今天应该把悉多交还；
哪一个敌人有本领，
就请他战场上同我见面。" (6.17.3)

罗刹头子罗波那，

把这番粗暴的话来讲；
然后登上宫殿屋顶，
宫殿像白雪一样；
它高达许多多罗[46]，
他从那里把猴子望。 (6.17.4)

同两个间谍在一起，
罗波那气得发了昏；
他望着那一片大海，
还有群山和丛林；
他看到在那些地方，
挤满了猴子大军。 (6.17.5)

这一支猴子大军，
数不清，无边无际；
罗波那看着他们，
就对娑罗那提出问题： (6.17.6)

"在这一群猴子头领中，
谁最勇敢？谁最英勇？
哪一些猴子决心大？
哪一些猴子往前冲？ (6.17.7)

须羯哩婆听谁的话？
谁是头领的头领？
谁是猴子的头子？

娑罗那!你一一说清!"　　　　　　（6.17.8）

罗刹头子提了问题,
娑罗那听了他的话;
他熟识那一些头领,
就一一作了回答:　　　　　　　　（6.17.9）

"那一个猴子站在那里,
面对着这座楞伽城;
围拥在他四周围的,
有十万个猴子头领。　　　　　　　（6.17.10）

他在那里大声吼叫,
震撼着这座楞伽城,
连同那城墙和拱门,
连同山岳、森林和莽丛。　　　　　（6.17.11）

高贵尊严的须羯哩婆,
他是所有猴子的主子;
他的大将军站在前列,
尼罗就是他的名字。　　　　　　　（6.17.12）

那威武的猴子高举双臂,
用双脚踏着大地走路;
他的脸对着这座楞伽城,
他忿怒得不时张嘴高呼。　　　　　（6.17.13）

他个子像山峰一般，
看上去像一朵荷花；
他十分气愤又激动，
不停地摇摆着尾巴。　　　　　　　　　　（6.17.14）

响彻了四面八方，
他那尾巴发出的声音；
猴王须羯哩婆，
曾给灌顶当储君；
他的名字叫鸯伽陀，
他正对着你叫阵。　　　　　　　　　　（6.17.15）

他们都站了起来，
他们发出了吼声；
张开大嘴站在那里，
那些忿怒的猴子头领。　　　　　　　　（6.17.16）

这些猴子都难以战胜，
他们可怕、凶狠又勇猛；
他们一共有八十万，
再用十把一百亿来乘。　　　　　　　　（6.17.17）

住在檀香树林中的英雄，
都紧紧在他身后跟随；
他要率领自己的部队，
把这楞伽城摧毁。　　　　　　　　　　（6.17.18）

尸毗陀样子像银子，
率领军队，勇猛可怖；
这个猴子非常聪明，
三个世界中声名昭著。　　　　　（6.17.19）

迅速走向须羯哩婆，
这个猴子又向前走；
他分派猴子部队，
鼓舞他们奋勇战斗。　　　　　（6.17.20）

那一个猴子从前住在
美丽的俱摩底河边山上；
这山上长满各种树木，
他以三俱竭那[47]把名扬。　　　（6.17.21）

这个头领名叫俱牟陀，
他治理着一个王国；
他统率着一支大军，
猴子有一千乘十万个。　　　　　（6.17.22）

他尾巴上的毛有几托[48]长，
都长在他那长尾巴上，
红的、黄的、白的、亮的、乱的，
他的举动可怕让人慌张。　　　　（6.17.23）

他兴奋、暴怒又勇猛，

他渴望着去战斗；
他率领着自己的军队，
想把楞伽城穿透。　　　　　　　　　　（6.17.24）

他样子就像狮子，
身体棕色，鬣毛长；
岿然不动，望着楞伽，
好像想用目光把它烧光。　　　　　　　（6.17.25）

国王呀！经常住在
宾阇耶山和黑山上，
住在美丽的娑醯耶山上，
这头领以兰帕把名扬。　　　　　　　　（6.17.26）

有一百乘上十万
再乘三十个猴子头领，
追随在他的身后，
想摧毁这座楞伽城。　　　　　　　　　（6.17.27）

他把两个耳朵伸开来，
一再不停地抖动；
见了死神也不逃跑，
他也不会跑离首领。　　　　　　　　　（6.17.28）

他有大力量，无所畏惧，
经常住在娑毗耶[49]山阿；

国王呀!这山很美丽,
这个头领名叫娑罗婆。 (6.17.29)

有些头领名叫毗诃罗[50],
这些头领都勇武有力;
国王呀!有四千乘十万个
这样的猴子为他驰驱。 (6.17.30)

那猴子像一大片云彩,
遮蔽了整个天空;
他站在猴子英雄中间,
像因陀罗站在天神中。 (6.17.31)

他大声在那里吼叫,
听上去像鸣鼓一样;
又像是那些猴子头领,
吼叫着涌向战场。 (6.17.32)

他住在那座山上,
山是无上的波哩耶特罗;
他在战斗中没有敌手,
这头领名叫波那娑。 (6.17.33)

有五十乘十万个头领,
聚集围拥在他的身旁;
他们围着这优秀的头子,

每个头领领着猴子一帮。 （6.17.34）

那一个猴子站在那里，
为跳跃着的部队增光；
这支可怕的部队驻在海边，
看上去好像第二个海洋。 （6.17.35）

这个头领名叫毗那陀，
个子像陀哩陀罗山；
他走着喝波哩那舍[51]河中水，
这河至高无上在人间。 （6.17.36）

他的军队里有猴子
六十乘上十万个；
他点着你的名叫阵，
这头领名叫竭罗陀诺[52]。 （6.17.37）

那一个猴子的身躯
颜色像红粉，美丽非凡；
他的名字叫作迦婆耶，
勇猛地想冲到你跟前。 （6.17.38）

有许多猴子围绕着他，
一共有七十乘十万个；
他想率领着自己的军队，
把这一座楞伽城冲破。 （6.17.39）

所有猴子都可怕又英勇,
他们都能够随意变形;
有小头领,也有大头领,
他们的数目数也数不清。" （6.17.40）

《罗摩衍那（六上）·战斗篇（上）》第十七章终

# 第十八章

"你看到的那些头领,
我将对你一一说明;
他们都是英勇无敌,
为了罗摩奋不顾身。 （6.18.1）

毛很美丽,有几托长,
都长在他的尾巴上,
红的、黄的、白的、亮的、乱的,
他的举动可怕让人慌张[53]。 （6.18.2）

长毛伸展开闪闪发光,
就像那太阳的光芒;
有时候也碰到地面上,
他名叫诃罗[54]声名远扬。 （6.18.3）

成百成千的猴子,
紧紧跟在他身后;
他们手里举着大树,

想把这楞伽城穿透。 (6.18.4)

这成千亿的猴子,
个个都威猛无比;
摧毁堡垒者!他们渴望
在战场上战败你。 (6.18.5)

请你看一看他们吧!
站在那里像蓝云一般;
黑得像是黑色软膏,
在战场上真正勇敢。 (6.18.6)

他们的兵器是爪和牙,
他们勇敢、忿怒、可怕;
他们的数目数也数不清,
就像大海对岸难以描画。 (6.18.7)

有的住在崎岖的山上,
有的住在大河里面;
国王呀!凶暴的猴子,
正冲向你来向你叫战。 (6.18.8)

国王呀!在他们中间,
站着一个猴子面目可怖;
就好像是那个雨神,
被雨云团团围住。 (6.18.9)

他住在哩利婆山[55]上，
从那摩陀河[56]里把水喝；
他是所有熊罴的主子，
他的名字叫图牟罗。　　　　　　　　　　（6.18.10）

你请看他的弟弟，
个子长得像座山；
样子同哥哥一样，
威武勇敢都占先。　　　　　　　　　　　（6.18.11）

他的名字叫阎婆梵，
是众头领中的大头领；
他沉静，尊敬长者，
在战场上攻无不胜。　　　　　　　　　　（6.18.12）

这一个聪明的熊罴，
在天神与阿修罗搏斗时，
帮了因陀罗的大忙，
因而获得了种种恩赐。　　　　　　　　　（6.18.13）

他们爬到了山顶上，
从那里投下了大石头；
石头大得像大块云彩，
他们对死神也不发愁。　　　　　　　　　（6.18.14）

他们好像罗刹一样，

他们像毕舍遮长毛满身；
他的军队里有很多熊罴，
猛如烈火，来回逡巡。　　　　　(6.18.15)

他非常忿怒又激动，
他站在那里好像要飞跳；
这一个头领中的头领，
所有的猴子都把他瞧。　　　　　(6.18.16)

国王呀！这个猴子头领，
住在娑诃私罗刹山〔57〕上；
他率领着一支大军，
名叫兰帕把声名扬。　　　　　　(6.18.17)

山峰立着有一由旬高
他用肋胁把山峰碰触；
他要把自己身躯伸直，
他也达到一由旬的高度。　　　　(6.18.18)

没有谁比他更高，
在四足动物里面；
人们管他叫散那陀那〔58〕，
他是群猴的祖先。　　　　　　　(6.18.19)

这一个聪明的猴子，
从前曾同帝释交锋；

他并没有被打败,
他是头领中的头领;
他要是打起仗来,
同天帝释一样英勇。　　　　　　　　（6.18.20）

从前神魔交手打仗,
为了帮助那些天神,
火神与女乾闼婆交配,
就把他生下了凡尘。　　　　　　　　（6.18.21）

财神爷住在那山里,
在那里享受阎浮果;
这山是群山之主,
那里住着很多紧那罗。　　　　　　　（6.18.22）

罗刹王！他经常是
把你哥哥财神来服侍;
他就在那座山上住,
这光辉勇猛的猴子;
在战斗中不自吹自擂,
羯罗陀诺[59]是他的名字。　　　　　　（6.18.23）

有成千亿的猴子,
围拥在他的身旁;
他想率领自己的部队,
把楞伽城消灭光。　　　　　　　　　（6.18.24）

那个猴子沿着恒河走,
使大象头子震惊发慌;
从前大象和猴子结怨,
他现在把这件事回想。　　　　　（6.18.25）

他是猴群的头领,
他在山洞里面住;
他是猴军的主将,
沿醯摩婆底河[60]走路。　　　　（6.18.26）

他住在优湿罗毗竭山[61]里,
这山像曼多罗山一样;
这猴子头领自在享受,
像天帝释住在天上。　　　　　　（6.18.27）

有一千乘十万个猴子,
在他身旁把他围拥;
国王!他难以战胜,
他的名字叫钵罗摩亭[62]。　　　（6.18.28）

你看到他那个样子,
像是被风吹起的云彩;
用各种方式滚动的,
厚厚的一层尘埃。　　　　　　　（6.18.29）

这一群牛尾猴,

嘴是白的，勇猛可怕；
曾看到一百乘十万个，
他们都把大桥来搭。 （6.18.30）

那一个牛尾猴的头领，
名叫迦婆刹，行动迅捷；
他们围拥着他冲向前来，
想把这楞伽城消灭。 （6.18.31）

那里有蜜蜂在飞逛，
有惬人意的果子和水浆；
他爬到了那座山上，
颜色就好像是太阳。 （6.18.32）

山的光线光辉闪耀，
山的颜色照红了鸟兽；
高贵尊严的大仙们，
舍不得离开那里走。 （6.18.33）

国王！在那美丽的金山上，
他在那里游戏从容；
他是猴子头领的头领，
他的名字叫作吉萨陵。 （6.18.34）

美妙的黄金大山，
共有六十乘一千座山；

它在这里面是山王,
就像你在罗刹里面。 (6.18.35)

这些棕色的、白色的、
黑嘴的、蜜黄色的猴子,
就住在这无上的大山上,
以爪当兵器,有锐利牙齿。 (6.18.36)

好像是四牙的狮子,
好像是凶猛的老虎,
他们都能同火神媲美,
像有毒巨蛇那样暴怒。 (6.18.37)

他们的尾巴都非常长,
他们好像怀春的大象;
他们个子长得像大山,
声音像高呼那样。 (6.18.38)

他们的头领站在中间,
那一个威猛的猴子;
国王!他在大地上有名声,
舍多波厘[63]是他的名字。
他准备着率领军队,
粉碎楞伽城这座城池。 (6.18.39)

迦阁、迦婆刹、迦婆耶,

还有猴子那罗和尼罗，
每一个都率领着一支猴军，
猴子数目有十亿个。 （6.18.40）

还有一些猴子头领，
都在宾阁耶山上住；
他们都能迅捷跳跃，
数目多得没有法数。 （6.18.41）

所有的猴子，大王呀！
都有极大的力量；
所有猴子的个子，
都长得像大山一样。
所有猴子都有本领，
在一转眼的时间，
把这个大地和山岳，
捣得像碎粉一般。" （6.18.42）

《罗摩衍那（六上）·战斗篇（上）》第十八章终

# 第十九章

听了娑罗那的话,
苏伽把猴军注视着;
开口对罗刹国王
罗波那把话来说: （6.19.1）

"你看到的那一些猴子,
站在那里像怀春大象;
像恒河的尼俱陀树,
像喜马拉雅山的娑罗一样。 （6.19.2）

国王呀！他们难以战胜,
有大力量,随意把形变;
样子就像底提耶、檀那婆,
在战场上勇猛像神仙。 （6.19.3）

他们一共是九乘五
再乘上七千亿个;
他们有一千商古[64],

还有一百婆陵陀[65]。　　　　　　　　　（6.19.4）

须羯哩婆的那些大臣，
经常都住在积私紧陀；
他们都能随意变形，
父亲是天神和乾闼婆。　　　　　　　　（6.19.5）

你看那里站着两个王子，
样子都像是天神；
曼陀和陀毗毗陀，
搏斗谁也比不上他们。　　　　　　　　（6.19.6）

得到了大梵天的恩惠，
他们两个都喝过甘露；
他们俩现在想用武，
把这楞伽城来征服。　　　　　　　　　（6.19.7）

在他们俩的身旁，
站着两个风神的儿郎，
须牟伽[66]和毗牟伽[67]，
个子像山，同父亲一样。　　　　　　　（6.19.8）

你看到那个猴子，
站在那里像个狂象；
这个猴子一发火，
甚至能搅动海洋。　　　　　　　　　　（6.19.9）

这猴子曾来过楞伽,
探寻悉多的踪迹;
你看,你曾见到过他,
他现在又到了这里。　　　　　　　(6.19.10)

他是吉萨陵的优秀儿子,
别人说他是风神所生;
他曾把大海跳越过,
哈努曼就是他的大名。　　　　　　(6.19.11)

这猴子能随意变形,
他有力量又漂亮;
他一往无前势难当,
就像那风神一样。　　　　　　　　(6.19.12)

当他还是一个孩子时,
他渴望吞下初升的太阳;
太阳一步跨过三千由旬,
不停地走在那条道路上。　　　　　(6.19.13)

'我饿得真正难挨,
我要吃掉这个太阳,'
他在心里这样想,
力量使得他头脑发胀。　　　　　　(6.19.14)

连天神、仙人和檀那婆,

都无法攻击那个太阳；
那个太阳他没有捉到，
堕落在太阳升起的山顶上。　　　　　（6.19.15）


这个猴子掉了下来，
一个颚骨碰上山尖；
颚骨碰碎了一点，
因此名叫哈奴曼[68]。　　　　　　　（6.19.16）


我了解这个猴子，
我运用了我的智慧；
他的力量、形象和光辉，
我却没有能力描绘；
这个猴子孤身一个
就能把这楞伽城捣碎。　　　　　　　（6.19.17）


在他身旁的那个英雄，
皮肤黑，眼睛像荷花；
他是甘蔗王族的大英雄，
他的英勇扬名天下。　　　　　　　　（6.19.18）


他坚决遵守达磨，
他不把达磨抛弃；
他精通梵天兵器，
了解吠陀他数第一。　　　　　　　　（6.19.19）

他用箭射穿天空,
连大山也能穿破;
他的怒气像死神,
他的勇敢像因陀罗。　　　　　　（6.19.20）

是你从阇那私陀那,
抢来了他老婆悉多;
罗摩现在来到这里,
想同你斗上几回合。　　　　　　（6.19.21）

他右边站着一个人,
他的颜色像是纯金;
他的胸膛宽又厚,
头发鬈曲蓝色深。　　　　　　　（6.19.22）

这是他弟弟罗什曼那,
珍爱他像自己的性命;
他为人、打仗都完美,
一切兵器他都精通。　　　　　　（6.19.23）

他脾气暴躁,难以战胜,
他聪明,又有力量;
他是罗摩的右臂,
像第二个生命一样。　　　　　　（6.19.24）

为了罗摩的缘故,

他不吝惜自己的性命；
他想把所有的罗刹，
都消灭在战斗中。 （6.19.25）

那个紧靠罗摩的左手
站在那里的罗刹，
是国王维毗沙那，
一群罗刹围着他。 （6.19.26）

那个光辉的王中之王，
已经给他灌顶统治楞伽；
他现在激动又狂怒，
想同你把仗来打。 （6.19.27）

你看那个站在中间的，
好像岿然不动的山峰；
他是所有猴子头领的
难以战胜的首领。 （6.19.28）

他有威力，又有声名，
聪明、智慧，出身尊严；
他的光辉超越群猴，
好像雪山超越众山。 （6.19.29）

他住在积私紧陀，
那里有山洞、森林和莽丛；

那里有难以接近的堡垒,
和他那一些猴子头领。 (6. 19. 30)

他戴的那个黄金项链,
上面有一百朵荷花;
吉祥天女就在那里,
天神和凡人都喜欢它。 (6. 19. 31)

这项链和陀罗〔69〕,
还有永恒的猴子王国,
罗摩杀死了波林以后,
就都送给了须羯哩婆。 (6. 19. 32)

猴子须羯哩婆来到这里,
率领着一百个商古
再乘上千亿个猴,
同你较量看谁赢谁输。 (6. 19. 33)

大王呀!你看了
这一支猴子大军,
就驻扎在那里,
辉煌像天上星群。
你现在就要
尽上最大的努力,
千万不能打败呀!
一定要争取胜利。" (6. 19. 34)

《罗摩衍那(六上)·战斗篇(上)》第十九章终

# 第二十章

苏伽说的那些猴子头领,
罗波那一一仔细去看;
他看到兄弟维毗沙那,
就在罗摩的身旁站。　　　　　　（6.20.1）

还有英雄罗什曼那,
他是罗摩的右胳膊;
再有所有的猴子之王,
英勇可怖的须羯哩婆。　　　　　（6.20.2）

罗波那有点心慌,
他一下子火气迸发;
他痛骂这两个英雄,
说完话的苏伽和娑罗那。　　　　（6.20.3）

苏伽和娑罗那低了头,
他对他们俩说道,
他直气得嗓子哽咽,

说的话激动又粗暴： (6.20.4)

"依人为生的臣仆们，
说出了这样难听的话；
不应对他们主子这样说，
他们会受到主子的惩罚。 (6.20.5)

那些反对我们的敌人，
正在冲上前来肉搏；
对不应当称赞的人们，
你们却唱起了赞歌。 (6.20.6)

阿阇黎、师尊和老人，
你白白地服侍了他们；
治国安邦术的那些精髓，
你好像根本没有入门。 (6.20.7)

也许你了解了但不深刻，
也许你扛起了无知的担子；
我有这样昏愦的大臣，
谢天谢地！我仍能统治。 (6.20.8)

难道你们就不怕死？
竟对我把这样的话说出；
我这个统治者的舌头，
能让人倒霉，让人幸福。 (6.20.9)

即使碰到了林中野火，
树木还能站在树林中；
但是那些犯了罪的人们，
却逃不掉国王的膺惩。 (6.20.10)

你这两个坏蛋赞美敌人，
我本来可以把你们杀掉；
如果我不是想到你们的功绩，
这样就把我的怒火抵销。 (6.20.11)

你们两个滚蛋吧，
赶快离开我这里！
我不想把你们杀死，
我回想起你们的功绩；
你们已经失掉我的宠爱，
你们两个忘恩负义。" (6.20.12)

苏伽和娑罗那
听了这话羞愧难耐；
他俩向罗波那喊"万岁"，
就从那里走了出来。 (6.20.13)

摩护陀罗正站在身旁，
十头魔王就对他说：
"你赶快找机灵的间谍，
把他们带到这里来见我。" (6.20.14)

间谍们奉了主子的命令,
匆匆忙忙地赶到;
双手合十,站在那里,
嘴里把"万岁"喊叫。　　　　　　　(6.20.15)

罗刹国王罗波那,
就对他们说了话;
这些间谍勇敢忠诚,
他们什么都不怕:　　　　　　　　(6.20.16)

"从这里走到那里去!
看一看罗摩的决心;
因为爱他同他一起来到,
谁是他亲密的大臣?　　　　　　　(6.20.17)

他怎样睡?又怎样醒?
他还做些什么事情?
机警地把这些都探清,
然后立即转上归程。　　　　　　　(6.20.18)

利用间谍去了解敌人,
聪明的国王就是这样;
在战场上用很少力量,
就能够把敌人消灭光。"　　　　　　(6.20.19)

这些间谍心里愉快,

对罗刹王说:"就这样吧!"
他们绕着他右旋致敬,
就走向罗摩和罗什曼那。 （6.20.20）

这些间谍偷偷摸摸,
走近了大山须吠罗;
看到罗摩和罗什曼那,
维毗沙那和须羯哩婆。 （6.20.21）

这些忠诚的罗刹站在那里,
被罗刹王抬眼看到;
维毗沙那看到他们,
一下子就把他们捉牢。 （6.20.22）

英勇迅捷的猴子们,
把他们狠狠地揍了一顿;
又放他们回到楞伽,
他们吓得发了昏。 （6.20.23）

他们一齐来到
罗波那跟前;
这些夜游者,
在外面进行刺探。
他们向他报告,
看到猴子大军,
力量令人生畏,

住在须呋罗附近。 （6.20.24）

《罗摩衍那（六上）·战斗篇（上）》第二十章终

# 第二十一章

于是这一群间谍,
向楞伽城主把话讲;
罗摩住在须吠罗山,
力量大得无法估量。 (6.21.1)

罗波那听间谍报告,
那个罗摩已经来到;
他心里有点紧张,
就对舍杜罗说道: (6.21.2)

"罗刹呀!你的脸色,
不恰当地变得灰白;
难道说你受到了
忿怒的敌人虐待?" (6.21.3)

得到了主子的命令,
他慢慢地把话说;
舍杜罗羞愧难当,

向罗刹之虎报告经过： (6.21.4)

"国王呀！那些猴子们，
实在是无法侦查出；
他们都勇敢有力，
罗摩又把他们保护。 (6.21.5)

连同他们说话都不行，
怎么还能把他们询问？
大路上到处都守卫着
山岳一般高的猴子们。 (6.21.6)

没有侦查到他们的兵力，
我一进去就被看出；
他们用武力把我捉住，
用种种方法把我侮辱。 (6.21.7)

他们用膝、用拳、用牙、用掌，
把我又揍又咬，搞得够呛；
许多忿怒有力的猴子，
就把我围困在中央。 (6.21.8)

从四面八方围住了我，
把我带去见罗摩；
我全身四肢流着鲜血，
我狼狈不堪心神无着。 (6.21.9)

那群猴子把我揍,
我双手合十向他恳请;
罗摩把我保护下来,
我勉强保住了性命。　　　　　　(6.21.10)

那个英雄用大山,
也用石头把海填满;
罗摩手里抓着兵器,
现在站在楞伽城门前。　　　　　(6.21.11)

四面八方都有猴子,
他摆成了金翅鸟阵;
那个威武的人放了我,
他正向着楞伽进军。　　　　　　(6.21.12)

他立刻就会登上城墙,
两件事情你要做一件:
或者把悉多送回去,
不然就要准备作战。"　　　　　(6.21.13)

这个罗刹群的头子,
听了这话心里烦;
听完舍杜罗的话,
罗波那又开了言:　　　　　　　(6.21.14)

"天神、乾闼婆和檀那婆,

即使他们联合起来斗我，
即使全世界都恐惧，
我也决不会送还悉多。"　　　　　　　（6.21.15）

威武的罗波那这样说完，
但是他立刻又开了言：
"你去侦查了敌人军队，
谁在那里是英雄好汉？　　　　　　　（6.21.16）

那些难以对付的猴子，
他们怎样？有什么力量？
他们是谁的儿子和孙子？
罗刹呀！要如实地来讲。　　　　　　（6.21.17）

知道了他们的强弱，
我将决定怎样去做；
那个想要战斗的人，
一定要把兵力揣度。"　　　　　　　（6.21.18）

这无上的间谍舍杜罗，
听完了罗波那这番话；
他就在罗波那跟前，
说起话来回答他：　　　　　　　　　（6.21.19）

"国王呀！那个难胜的英雄，
他是熊罴王的一个儿子，

是伽特伽陀<sup>[70]</sup>的一个儿子,
阎婆梵就是他的名字。　　　　　（6.21.20）

伽特伽陀的另一个儿子<sup>[71]</sup>,
还有因陀罗师傅的儿子<sup>[72]</sup>,
他的一个儿子就能够
把所有的罗刹都杀死。　　　　　（6.21.21）

那个虔诚的须私那,
是达磨的英勇儿子;
那个猴子陀底牟迦,
国王呀!是婆苏的儿子。　　　　（6.21.22）

须牟伽和杜哩牟伽,
还有猴子吠竭达哩申,
他是大梵天所生,
是猴子形象的死神。　　　　　　（6.21.23）

全军统帅尼罗,
本是火神的儿子;
风神也把儿子生,
哈奴曼是他的名字。　　　　　　（6.21.24）

鸯伽陀是天帝释之子,
他是太子,英勇无敌;
罗陀和陀毗毗陀,

勇猛来自阿湿波兄弟。　　　　　　(6. 21. 25)

阎罗王的五个儿子,
个个都同死神差不多:
迦阇、迦婆刹、迦婆耶、
舍罗婆和乾闼摩陀诺。　　　　　　(6. 21. 26)

尸毗陀和殊底牟伽[73],
是太阳所生的两个儿子;
那个猴子醯牟俱吒[74],
是婆楼那所生的儿子。　　　　　　(6. 21. 27)

最优秀的猴子那罗,
是工巧大神的英雄儿郎;
须杜哩陀罗[75]是婆苏之子,
跳动迅捷,英勇无双。　　　　　　(6. 21. 28)

有十亿个猴子,
都是天神所生;
他们英勇善战,
我无法一一说明。　　　　　　　　(6. 21. 29)

十车王的儿子罗摩,
这太子结实同狮子差不多;
他曾杀死了突舍那,
还有伽罗和底哩尸罗娑。　　　　　(6. 21. 30)

在这大地上论勇气
谁也比不上罗摩；
他曾杀死了毗罗陀，
还有死神般的迦槃陀。 （6.21.31）

在这大地上没有哪个人
能够把罗摩来动摇；
那些罗刹到阇那和陀那，
一个个都被罗摩杀掉。 （6.21.32）

那个虔诚的罗什曼那，
好像是群象中的头领；
他要是把箭射了出来，
连因陀罗也无法逃生。 （6.21.33）

众罗刹中最优秀的，
你的弟弟维毗沙那；
他乐于看到罗摩幸福，
他包围了这座名城楞伽。 （6.21.34）

我就这样把猴军力量，
一一都向你叙述明白；
他们现在驻扎须呎罗山上，
其余的事情要由你决裁。" （6.21.35）

《罗摩衍那（六上）·战斗篇（上）》第二十一章终

# 第二十二章

间谍在楞伽城报告国王,
报告了猴子大军的力量;
他们还谈到了那个罗摩,
他就驻扎在须呋罗山上。 （6.22.1）

罗波那听到间谍说,
大力的罗摩已经来到;
他有点紧张起来,
对周围的大臣们说道： （6.22.2）

"赶快把所有的大臣,
都叫到我这里来;
罗刹们！是时候了,
我们应该商议把会开。" （6.22.3）

大臣们听到他的命令,
都赶快来到他这里;
他于是就同大臣们,

同那些罗刹一起商议。 　　　　　　（6.22.4）

耐心地讨论了以后，
这个难以制服的罗刹，
把大臣们都遣送走，
走回了自己宫中的家。 　　　　　　（6.22.5）

他唤来了一个大力罗刹，
名字叫作毗鸠吉诃婆；
这个罗刹精通幻术，
他想带着他去看悉多。 　　　　　　（6.22.6）

罗刹群的这一个国王，
对通幻术的毗鸠吉诃婆说：
"我想用幻术来迷惑
遮那竭的女儿悉多。 　　　　　　（6.22.7）

罗刹呀！你施展幻术，
制造一个罗摩的头颅；
你再制造一张大弓，
上面带着许多箭镞。" 　　　　　　（6.22.8）

那罗刹毗鸠吉诃婆，
听了这话说："就这样吧！"
罗刹王对他很满意，
把黄金首饰赐给了他。 　　　　　　（6.22.9）

这个大力的罗刹,
走进了那无忧树园;
这一个财神爷的儿子[76],
看到她凄惶不安;
她垂着头,满怀愁绪,
就坐在地上面。 (6.22.10)

她来到无忧树园中,
心里想念自己的丈夫;
一群可怕的罗刹女,
离她不远把她守护。 (6.22.11)

他走到悉多那里,
愉快地把她的名字喊着;
他对遮那竭的女儿
把粗暴的话来说: (6.22.12)

"亲爱的!我总是安抚你,
你就仗着这个跳得老高;
你丈夫曾杀死伽罗,
现在罗摩在战场上被杀掉。 (6.22.13)

根到处都已被切断,
我已经打掉你的傲气;
悉多呀!你自己的罪孽,
让你变成我的妻。 (6.22.14)

你没了想头！骄傲自满！
傻瓜呀！你没有功德！
悉多呀！请你听一听，
杀你丈夫像杀苾力特罗[77]。　　　　　（6.22.15）

罗摩一心想把我消灭，
他到这大海边上来；
猴子大军围拥着他，
猴王亲自把猴军统率。　　　　　　　（6.22.16）

太阳落山的时候，
罗摩率领着大军；
他一直来到了
这大海的南海滨。　　　　　　　　　（6.22.17）

半夜里大军驻扎下来，
长途行军疲惫不堪；
他们都睡得很香甜，
我的间谍进去侦探。　　　　　　　　（6.22.18）

我派出了一支大军，
由钵罗诃私陀统率；
到了罗摩、罗什曼那那里，
在夜里把敌军杀开。　　　　　　　　（6.22.19）

他们用三股叉、门闩和刀子，

用轮轴,用铁杖,
用箭网[78],用插杵,
用闪光[79]、边橼[80]和锤[81]。 (6.22.20)

用命木柄[82]和大箭,
用牌枪、轮轴和碓子[83];
罗刹们把这些举了起来,
对准那些猴子投掷。 (6.22.21)

罗摩正在那里熟睡,
钵罗诃私陀就把他杀;
他手执一把大刀,
把他的脑袋砍下。 (6.22.22)

维毗沙那跳了起来,
好不容易才逃走;
向四面八方乱窜,
罗什曼那率领群猴。 (6.22.23)

群猴的头子须羯哩婆,
被打断脖子躺了下来;
哈奴曼也被杀躺下,
被罗刹把下颌打坏。 (6.22.24)

阇婆梵在战场上
正在跳起时被砍断双膝;

好像是那一些大树，
被三股叉砍倒在地。　　　　　　（6.22.25）

曼陀和陀毗毗陀，
这两个猴头也被杀；
他们俩大哭大叫，
鲜血流满全身往下洒　　　　　　（6.22.26）

消灭敌人的波那娑，
在腰上被刀所砍：
他躺在地上悲鸣，
就像面包树果一般。　　　　　　（6.22.27）

被许多铁箭所射，
陀哩牟伽躺在洞中；
有大威力的俱牟陀，
被箭射中在那里悲鸣。　　　　　（6.22.28）

鸯伽陀中了许多箭，
他也被罗刹们所杀；
他嘴里吐出了鲜血，
一下子躺倒在地下。　　　　　　（6.22.29）

其余的那些猴子，
被大象和车辆所踏；
他们被踏躺在地上，

好像云彩被风所刮。 （6.22.30）

另一些猴子恐惶逃跑，
屁股上被剁被砍；
好像狮子赶跑大象，
他们被罗刹们冲散。 （6.22.31）

有的猴子落到海里，
有的猴子逃入丛莽，
有的猴子爬上大树，
猴子们一团慌张。 （6.22.32）

在大海的岸边上，
在山上，在林中，
歪眼睛的东西[84]，
杀死了黄眼睛[85]。 （6.22.33）

就这样我的部队，
消灭了你丈夫和猴军；
我现在带来他的脑袋，
上面沾满血污灰尘。" （6.22.34）

这一个极端狡诈的
罗刹头子罗波那，
悉多在那里仔细听，
他又对罗刹女说了话： （6.22.35）

"你去把那做事凶狠的
毗鸠吉诃婆罗刹叫来；
这个罗刹在战场上
亲自捡到了罗摩的脑袋。" （6.22.36）

毗鸠吉诃婆走了进来，
手里拿着脑袋和弓；
他以头触地恭敬行礼，
然后在罗波那面前站定。 （6.22.37）

那个罗刹站在那里，
魔王罗波那对他开了言；
毗鸠吉诃婆舌头长，
他来到了魔王跟前： （6.22.38）

"你赶快把十车王儿子
罗摩的脑袋放在悉多眼前；
让这个女子凄凄惨惨
把丈夫的最后归宿看一看。" （6.22.39）

罗刹听完了这番话，
就把那一个美丽的头，
丢到悉多的眼前，
迅速地转身就走。 （6.22.40）

罗波那又把那张弓投向她，

那张大弓闪着光芒,
它在三个世界赫赫有名,
他又对悉多把话讲: （6.22.41）

"弓弦就上在上面,
这是罗摩的那张弓;
钵罗诃私陀在半夜里,
杀死罗摩夺在手中。" （6.22.42）

毗鸠吉诃婆弄来的
这样的大弓一张,
还有那一个人头,
罗波那一下子丢到地上。
他接着又开口
对贞洁的悉多,
毗提诃公主说道:
"你要当我的老婆!" （6.22.43）

《罗摩衍那（六上）·战斗篇（上）》第二十二章终

# 第二十三章

悉多看到那人头，
还有那张无上的弓；
她回想起哈奴曼的话，
须羯哩婆同罗摩联盟。　　　　　　　　（6.23.1）

这是自己丈夫的双眼，
他的脸色，他的脸，
这是头发和发上戴的
那美丽的摩尼宝冠。　　　　　　　　　（6.23.2）

她认清了这些东西，
她心里肝肠寸断；
她骂起吉迦伊来，
悲鸣像白鹗一般：　　　　　　　　　　（6.23.3）

"你如愿了，吉迦伊！
甘蔗王族后裔已经死掉；
你这女人播弄是非，

现在全家都把大难遭到。　　　　（6.23.4）

那一个高贵的罗摩，
有什么对你吉迦伊不住？
你一定要把他赶出家门，
在那森林中长期过度。"　　　　（6.23.5）

这个苦行女悉多，
说完话浑身哆嗦；
她一下子倒在地上，
像砍断的荷花一朵。　　　　　　（6.23.6）

她一会儿又苏醒过来，
恢复了自己的知觉；
嗅了嗅罗摩的脑袋，
这大眼女郎哽咽：　　　　　　　（6.23.7）

"哎呀！我不行了，
我已经走投无路；
粗胳臂的人！我忠于你，
现在变成了一个寡妇。　　　　　（6.23.8）

丈夫死在妻子前面，
这是妇女的不幸；
你品行端正先我而死，
我个人也是品行端正。　　　　　（6.23.9）

我从灾难堕入灾难,
我陷入忧愁的大海;
你是能拯救我的人,
现在却消逝不在。　　　　　　　　　　(6.23.10)

我的婆母悕萨厘雅,
罗摩呀!失掉你这儿子;
就像那爱犊的母牛,
一下子失掉犊子。　　　　　　　　　　(6.23.11)

威猛不可思议的人!
有人曾预言你长寿;
这话现在看来不真实,
罗摩呀!你原来短寿。　　　　　　　　(6.23.12)

你是一个聪明人,
也许你的聪明消逝;
命运把你的聪明烤干,
它是一切生物的主子。　　　　　　　　(6.23.13)

你精通政治原理,
为什么竟没有看到死亡?
你精通各种韬略,
你善于把灾祸提防。　　　　　　　　　(6.23.14)

也许我就是死神,

残暴凶狠又狡诈；
你这眼如莲花的人，
搂抱我倒霉到了家。　　　　　　（6.23.15）

粗胳臂的人！你躺下了，
人中英雄！你搂抱大地；
好像它是一个美女，
把我这苦命人遗弃。　　　　　　（6.23.16）

英雄呀！你这弓一张，
上面有黄金镶装；
我经常费尽心思，
用香、花把它供养。　　　　　　（6.23.17）

罗摩呀！你同你父亲，
我的公公十车王，
还有你过去的祖先，
现在一同活在天上。　　　　　　（6.23.18）

你做了很大的好事，
你已成为天上星宿；
可你忽略了自己的功德，
和自己的王仙家族。　　　　　　（6.23.19）

国王！你为什么不看我？
为什么不同我把话来说？

你从小就把我娶了过来,
我是你同甘共苦的老婆。 （6.23.20）

你曾说'我们要白首偕老',
在我们结婚的时候;
罗摩呀！你回忆一下这事,
把我这个断肠人带走！ （6.23.21）

最善于走路的人呀！
你为什么丢下我走散?
你把我这断肠人抛弃,
从这世界走到阴间。 （6.23.22）

你那有吉祥相的身躯,
经常惯于被我拥抱;
恐怕现在已经碎裂,
被那些野兽撕咬。 （6.23.23）

你花费了很多布施,
举行祭祀供养大神;
可你现在有什么火祭,
来焚化自己的尸身? （6.23.24）

当初有三个人被流放,
现在却只能回去一个人;
侨萨厘雅满怀愁绪,

只能向罗什曼那询问。 (6.23.25)

她既然这样来询问,
他将会一一告诉她:
友军怎样被消灭掉,
你怎样在夜间被罗刹杀。 (6.23.26)

她听到你在酣睡中被杀,
听到我被罗刹劫走;
她的心会碎裂成瓣,
罗摩呀!她活不多久。 (6.23.27)

罗波那!赶快把我
带到罗摩那里去!
你做一件好事吧!
让丈夫同妻子重聚。 (6.23.28)

让我的头碰他的头,
我的身体碰他的身体;
罗波那!我丈夫高贵尊严,
我要追随他的足迹;
我这犯了罪的女人,
连一刻也不想活下去。 (6.23.29)

我在父亲家里曾经听到
那些精通吠陀的婆罗门说,

哪些妇女的丈夫可爱，
她们的世界最幸福快乐。 (6.23.30)

容忍、克己和布施，
真理、达磨和感恩，
还有不杀一切生物，
此外还有什么路可遵循？" (6.23.31)

遮那竭的女儿大眼女郎，
看着丈夫的头和弓，
她心里被忧愁所折磨，
就这样喃喃悲痛。 (6.23.32)

悉多这样哀痛不已，
一个侍卫罗刹走进园子；
他走向自己的主人，
毕恭毕敬，双手合十。 (6.23.33)

"陛下呀！祝你胜利！"
他向他请求原宥；
然后他通知他说，
将军钵罗诃私陀在外等候。 (6.23.34)

"钵罗诃私陀同那些大臣，
都在那里等候你驾临；
他有什么紧急的事情，

请陛下出去见见他们。" （6.23.35）

十头魔王罗波那，
听了罗刹的意见，
立刻离开无忧树园，
出去同大臣们会面。 （6.23.36）

他知道罗摩的威力，
大跨步走进会议厅；
他同那些大臣们，
讨论了要做的事情。 （6.23.37）

罗波那一离开那里，
他一走出无忧树园，
那一个头和那张弓，
立刻就消逝不见。 （6.23.38）

这一个罗刹国的主子，
同勇猛可怖的大臣一伙，
仔细商量又讨论，
如何去对付罗摩。 （6.23.39）

所有的那些喽啰头子，
站在身旁，祝他快乐；
像死神一般的罗波那，
开口对他们把话来说： （6.23.40）

"你们赶快擂起鼓来，
用鼓槌子敲出鼓声；
把兵卒都召唤过来，
原因却不能说明。" （6.23.41）

听了他的命令，
"遵命！"他们说；
这些将领们
把大军集合。
他们又去报告，
在大军集合后；
主子站在那里，
渴望前去搏斗。 （6.23.42）

《罗摩衍那（六上）·战斗篇（上）》第二十三章终

# 第二十四章

一个罗刹女萨罗摩,
看到悉多昏了过去;
她赶快跑向悉多,
她是她亲爱的伴侣。 (6.24.1)

她同被看管的悉多,
结成了亲密的友情;
她遵照罗波那命令看管她,
她对她怜悯,对她忠诚。 (6.24.2)

萨罗摩看到女友
悉多失去了知觉;
好像是一匹母马,
倒在尘土里昏厥。 (6.24.3)

这女友怀着友情,
对她安慰又鼓舞:
"罗波那对你说的话,

还有你的那些答复， (6.24.4)

我把这些都听到，
怀着对你的友情，
丢掉对罗波那的恐惧，
隐身在无人的树丛中；
大眼女郎呀！为了你，
我可以丢掉可爱的性命。 (6.24.5)

那一个罗刹头子，
之所以仓皇走出去；
悉多呀！所有这一切，
我已都了解无遗。 (6.24.6)

那罗摩聪明睿智，
说他在梦中被杀死；
对一个猛虎般的人，
决不可能有这种事。 (6.24.7)

猴子们也无法杀死，
他们都在树上打仗；
罗摩保卫那些猴子，
像因陀罗保卫神仙一样。 (6.24.8)

罗摩的两只胳臂又硬又长，
他胸膛宽，光辉无量；

这个弓箭手躯干结实,
他虔诚,在大地上把名扬。　　　(6.24.9)

他是一个勇敢的保卫者,
经常保卫自己和别人;
他同弟弟罗什曼那一起,
他心眼好,精通政治理论。　　　(6.24.10)

他消灭敌军的力量,
他英武勇敢不可思议;
悉多呀!消灭敌人的
罗摩是杀不死的。　　　　　　　(6.24.11)

专门卖弄鬼精灵,
他敌视所有众生;
这个坏蛋通幻术,
他用幻术把你蒙。　　　　　　　(6.24.12)

你的忧愁即将消泯,
你的幸福即将来临,
吉祥天女即将佑你,
请听一听一段佳音。　　　　　　(6.24.13)

罗摩已经渡过大海,
率领着那猴子大军;
他已经到了大海南岸,

就在那里驻扎列阵。　　　　　　　　　（6.24.14）

罗摩带领罗什曼那,
我看到他目的已达;
猴子大军站在海滨,
他们都来保卫他。　　　　　　　　　　（6.24.15）

这一个罗刹派出间谍,
他们都是步履轻快;
'罗摩已经渡过大海',
这样的消息他们带来。　　　　　　　　（6.24.16）

大眼女郎!罗刹头子
听到了这一个消息;
罗波那正同大臣们,
在那里讨论又商议。"　　　　　　　　（6.24.17）

萨罗摩就是这样,
同悉多一起谈着话;
兵卒喊声清晰可闻,
这声音非常可怕。　　　　　　　　　　（6.24.18）

宏亮的战鼓的声音,
预告战斗的来临;
说话甜蜜的萨罗摩,
听到鼓声给悉多送信:　　　　　　　　（6.24.19）

"那残酷可怕的战鼓,
正鼓舞着大家去搏斗;
请听那深沉的鼓声,
好像雷鸣在云彩里头。　　　　　(6.24.20)

疯狂的大象已准备好,
驾车的马已经套上;
这里那里,那些步兵
已经准备好去打仗。　　　　　(6.24.21)

王路上挤满了士兵,
他们的相貌令人吃惊;
他们走路快,大喊大叫,
好像波涛在海里汹涌。　　　　　(6.24.22)

那些闪光的兵器,
那些盾牌和铠甲,
那些车、马和大象,
还有打扮好了的罗刹。　　　　　(6.24.23)

你请看一看这些闪光,
闪出五光十色的光芒,
好像夏天里焚烧森林,
那大火熊熊的形象。　　　　　(6.24.24)

请听一听那铃声,

请听一听那车声，
请听一听马嘶声，
请听一听喇叭声。 （6.24.25）

手里高举着兵器，
跟在罗刹王身后；
罗刹们发出的叫声，
真让人毛发直竖。 （6.24.26）

胜利女神为你驱忧，
罗刹们害怕打哆嗦；
荷眼女郎！他们怕罗摩，
有如阿修罗怕因陀罗。 （6.24.27）

你丈夫的威力不可思议，
他努力压下自己的怒气；
在战场上杀死罗波那以后，
他会来到这里迎接你。 （6.24.28）

你丈夫同罗什曼那，
将会把罗刹们来攻打；
就好像天帝因陀罗，
同毗湿奴一起把敌人杀。 （6.24.29）

罗摩很快就会来到，
他将把敌人都杀掉；

那时我将会看到你,
幸福如愿坐上他的怀抱。　　　　　（6.24.30)

由于快乐流出的泪水,
美丽女郎！你让它在眼里转；
会面后他把你拥抱起来,
他把你搂在宽阔的胸间。　　　　　（6.24.31)

皇后悉多！你梳着辫子,
这辫子一直垂到臀上来；
你已经梳上了几个月,
大力罗摩不久将把它解开。　　　　（6.24.32)

皇后呀！你看到他的脸,
那脸像升起的满月；
你就会把泪水抛掉,
像那蛇把皮来脱。　　　　　　　　（6.24.33)

不久的时候,悉多呀！
他将在战斗中杀死罗波那；
那一个应当享福的人,
将会同你共享富贵荣华。　　　　　（6.24.34)

你同罗摩重新团聚,
同那高贵的人共享荣华；
就像这一片大地上,

雨量充足长出了庄稼。 （6.24.35）

绕着那座山王[86]，
不停地在转动；
像是一匹骏马，
迅速往前奔腾；
皇后！你要虔心诚意，
向它寻求庇护；
只有这个太阳，
是众生的出生处。" （6.24.36）

《罗摩衍那（六上）·战斗篇（上）》第二十四章终

# 第二十五章

悉多心里痛苦如煎,
萨罗摩说的这番话,
好像天雨滋润大地,
大大地鼓舞了她。 （6.25.1）

她这一个女朋友,
一心想让她快乐;
这个识时的罗刹女,
笑了笑又把话说: （6.25.2）

"黑眼女郎！我很想去,
走到那罗摩的面前;
告诉他你平安无事,
然后再隐身归还。 （6.25.3）

如果我纵身飞腾,
飞上那无依无靠的太空,
连风神和金翅鸟,

也无法把我追踪。" （6.25.4）

萨罗摩这样说了话，
悉多又对她把话说；
声音里没有忧悲，
像蜜一般悦耳柔和。 （6.25.5）

"你能够飞入天空，
你也能潜入地狱；
我知道要做什么，
请为我做件事应急。 （6.25.6）

如果你想让我高兴，
如果你的理智坚定，
我想知道罗波那干什么，
请你就去为我探听。 （6.25.7）

那个罗波那擅长幻术，
他残酷，对敌人叫吼；
我确实被他蒙住发了昏，
好像是喝了一杯美酒。 （6.25.8）

那些罗刹女十分可怕，
他经常唆使那些罗刹女，
把我骂詈，把我威胁，
把我看守得非常严密。 （6.25.9）

因此，我很紧张多疑，
我的心思不能自安；
我因恐惧而心神无主，
我来到这无忧树园。　　　　　（6.25.10）

如果他说了什么话，
如果他有什么决定，
请你把一切都告诉，
这是对我最大恩情。"　　　　　（6.25.11）

悉多这样说着话，
说话甜蜜的萨罗摩，
抹掉了她的眼泪，
又对她把话来说：　　　　　　（6.25.12）

"如果你愿意这样的话，
悉多呀！我立刻就去；
了解到了敌人的意图，
我就回来告诉你。"　　　　　　（6.25.13）

她这样说完了话，
就走到罗波那跟前；
她听到罗波那的大臣
正在那里阔论高谈。　　　　　（6.25.14）

她听到坏蛋的决定，

她懂得这种事情;
她就快步如飞地
回到无忧树园中。　　　　　　　　　　（6.25.15）

她迈步走进了花园,
看到遮那竭女儿悉多,
正在那里望穿秋水,
像美丽女神丢掉莲花一朵。　　　　　（6.25.16）

这说话甜蜜的罗刹女,
萨罗摩又回到眼前;
悉多把她紧紧搂抱,
和蔼地让她坐在身边:　　　　　　　（6.25.17）

"你舒舒服服地坐下,
如实地告诉我听;
那个坏蛋罗波那,
那残暴家伙有什么决定。"　　　　　（6.25.18）

悉多浑身都颤抖,
这样对萨罗摩说话;
萨罗摩就把罗波那
和大臣说的话告诉了她:　　　　　　（6.25.19）

"皇太后和年迈大臣,
说了很多很多的话;

要罗刹王把你释放,
他们多方来劝导他。 (6.25.20)

'你把悉多送还那人王,
你要恭恭敬敬向他敬礼;
在阇那私陀那的奇迹,
应该给了你足够的教育。 (6.25.21)

哈奴曼跳过了大海,
来到这里同你相见;
他在搏斗中杀死罗刹,
哪个人能这样干?' (6.25.22)

那些年迈大臣和母亲,
这样对他把话来讲;
他却不想把你送回,
像守财奴不把财宝放。 (6.25.23)

悉多呀!除非把他杀死,
他决不会把你释放;
这个坏蛋同大臣们
作出的决定就是这样。 (6.25.24)

他的想法非常固执,
像死神那样贪婪;
在战斗中没有力量,

他害怕把你归还；
所有的那些罗刹，
连他自己都要遭难。　　　　　　　　（6.25.25）

罗摩反正在战斗中
会用利箭射死那恶魔；
黑眼女郎呀！他一定会
带着你转回阿逾陀。"　　　　　　　（6.25.26）

正在说话的这个时候，
听到了鼓声和螺声；
所有那些兵卒的吼叫，
使大地都摇摆震动。　　　　　　　　（6.25.27）

听到了一阵阵
猴军的吼叫声，
楞伽城里的
罗刹王的大兵，
吓得失魂落魄，
个个胆战心惊；
由于国王的过错，
他们看不到繁荣。　　　　　　　　　（6.25.28）

《罗摩衍那（六上）·战斗篇（上）》第二十五章终

# 第二十六章

隆隆的战鼓声里,
夹杂着阵阵螺声;
消灭敌堡的罗摩,
这英雄在前进中。　　　　　　　　（6.26.1）

罗刹头子罗波那,
听到了这些声音;
低头沉思了一会,
目光扫了一下大臣。　　　　　　　（6.26.2）

罗波那于是开了口,
对所有的大臣把话讲;
这个有大力量的魔王,
声音响彻整个会场:　　　　　　　（6.26.3）

"他渡过了这大海,
他有力量又勇猛;
你们谈到了这一切,

我都已听在耳中;
我知道在战场上,
你们也都是英雄。" (6.26.4)

一个有大智慧的罗刹,
名字叫作摩厘耶梵;
他是罗波那的外曾祖,
听完他的话就开了言: (6.26.5)

"国王呀! 一个国王,
睿智聪慧,行为端方,
他就能够长期统治,
让敌人屈服于自己力量。 (6.26.6)

同敌人在适当时机媾和,
同敌人在适当时机宣战;
使自己方面兴隆茂盛,
能够得到长治久安。 (6.26.7)

弱于敌人或力量相等,
国王应同敌人媾和;
强于敌人不要藐视他,
而是同他战斗相搏。 (6.26.8)

因此,同罗摩媾和,
罗波那! 我感到高兴;

我们都会得到好处,
把悉多还到他手中。 （6.26.9）

所有的天仙、乾闼婆,
都希望他获得胜利;
你应该同他媾和,
不能再同他为敌。 （6.26.10）

我们老祖宗薄迦梵[87]
创造了东西两个:
一为神仙,一为魔,
一是达磨,一非达磨。 （6.26.11）

那些高贵尊严的神仙,
达磨是在他们这一边;
罗波那！那些恶魔,
却有非达磨为伴。 （6.26.12）

在圆满时[88]的时期中,
达磨吃掉非达磨;
在孛宿当顶的时期,
非达磨吞掉达磨。 （6.26.13）

你游行各个世界,
践踏了那大达磨;
非达磨却被你尊崇,

因此敌人把你赛过。 (6.26.14)

非达磨受到恣纵,
吞噬我们像蛇一样;
而神仙们的用意,
则是把他们那方加强。 (6.26.15)

你贪求感官享受,
你什么事情都做;
那些火般的仙人,
看了都激动厌恶不乐;
他们的威力难当,
好像点燃的烈火。 (6.26.16)

他们行苦行,内心纯洁,
他们乐于看到达磨增殖;
那一些再生族的人们,
经常请高贵祭师举行祭祀。 (6.26.17)

他们遵照仪式祭火,
他们朗诵吠陀诗歌;
他们扬起了梵声,
这样就胜过群魔;
群魔四面八方逃窜,
同夏天的雨云差不多。 (6.26.18)

那些烈火般的仙人,
正在那里把火来祭;
祭烟向十方飘散,
剥夺了罗刹的精力。　　　　　　　(6.26.19)

不管是在哪一个
有功德的地方,
虔诚的人行苦行,
都使罗刹遭殃。　　　　　　　　　(6.26.20)

我看到各种各样的、
可怖的偶然事件,
我心里就感觉到,
所有罗刹将要遭难。　　　　　　　(6.26.21)

那些可怕的云彩,
残酷可怖,阵阵吼鸣;
云中洒下了热血,
洒遍了整个楞伽城。　　　　　　　(6.26.22)

那些载重兽狂呼乱叫,
流出的眼泪往下滴落;
旗帜倒在地上变了色,
不像以前那样光辉闪烁。　　　　　(6.26.23)

猛兽、豺狼和大鹫,

嚎叫得让人发怵；
它们不断走进楞迦，
在这座城里会晤。　　　　　　　　　（6.26.24）


梦中见到一些黑女人，
露出黄牙狞笑着走上前来；
她们把家中的东西拿走，
然后东拉西扯把话说开[89]。　　　　　（6.26.25）


一群野狗在屋子里，
把祭祀的供品来偷；
母牛生出了驴子，
老鼠生出了猫鼬。　　　　　　　　　（6.26.26）


猫同老虎配对，
猪同小狗成双，
紧那罗同罗刹交配，
他们也同人同房。　　　　　　　　　（6.26.27）


黄颜色红腿的鸽子，
被死神所赶飞往天空；
它们预告罗刹的毁灭，
徘徊盘旋，往来飞行。　　　　　　　（6.26.28）


春莺站在房子上，
吱吱哑哑在叫唤；

它们好斗,同别的鸟厮打,
斗败了掉落在下面。　　　　　　　　(6.26.29)


一个人又黑又黄,
畸形光头,奇丑难当;
每天按时走了出来,
在所有的房子里徜徉;
出现了这样的恶兆,
预示着极坏的情况。　　　　　　　　(6.26.30)


我们认为那个罗摩,
是毗湿奴长成人样;
罗摩不仅仅是个凡人,
他有勇猛的力量。　　　　　　　　　(6.26.31)


他能在大海上搭桥,
这真是十分令人吃惊;
罗波那呀!你要同罗摩,
同那个人王结成联盟。"　　　　　　(6.26.32)


摩厘耶梵就这样,
把这一番话来说;
他看到那罗刹王
在自己心里琢磨;
他在无上英雄中,
最为英勇有力;

他注视着罗波那，
就沉默不语。　　　　　　　　　　　　　　　　（6.26.33）

《罗摩衍那（六上）·战斗篇（上）》第二十六章终

# 第二十七章

摩厘耶梵这一番话,
完全是为了他好;
十头魔王不能容忍,
他已经被死神压倒。 (6.27.1)

他皱起了眉头,
直气得如雷暴跳;
两眼气得直转悠,
对摩厘耶梵说道: (6.27.2)

"表面上说是为了我好,
你说话竟然这样狠凶;
你站到了敌人一边去,
我的耳朵根本不听。 (6.27.3)

罗摩是个可怜的凡人,
现在依靠猴子的力气;
被他父亲放逐到林中,

你为何认为他了不起? （6.27.4）

我是罗刹的主子，
神仙们都害怕我；
一切英武我都具备，
你说我不行却是为何? （6.27.5）

我想你是妒忌我是英雄，
也许你站到敌人一边；
也许你用粗暴的语言，
刺激我去同敌人作战。 （6.27.6）

一个深通经典的聪明人，
如果不是为了刺激我去作战，
那么他就决不会对上级，
说出了这样粗暴的语言。 （6.27.7）

从森林里抢来了悉多，
她像是没有莲花的吉祥天；
仅仅由于害怕罗摩，
我怎么能把她送还? （6.27.8）

罗摩率领着成亿的猴子，
还有须羯哩婆和罗什曼那；
你请看着在几天之内，
我就把他们一齐都杀。 （6.27.9）

罗波那在搏斗中
连神仙们都无法抵挡；
他现在怎么能够
害怕战斗着了慌？ （6.27.10）

我宁愿被折成两段，
也决不会低头受辱；
这就是我天生本性，
这个本性难以屈服。 （6.27.11）

罗摩偶然间能够
在大海上搭了座桥；
谁会因此就丧了胆，
惊慌得不得了？ （6.27.12）

罗摩已经率领猴军，
把那大海飞跃渡过；
我现在向你保证，
决不屈服只要还活着。" （6.27.13）

看到罗波那这样
怒气冲冲地说话，
摩厘耶梵很羞惭，
没有再作出回答。 （6.27.14）

他向国王遵照老规矩，

山呼万岁，恭祝胜利；
摩厘耶梵得到允许，
就退回到自己的私邸。 （6.27.15）

罗波那同大臣们，
反复议论又商讨；
妥善保卫楞伽城，
这罗刹已准备好。 （6.27.16）

他命令钵罗诃私陀，
让这罗刹把守东门；
摩诃波哩湿婆和摩护陀罗，
他命令他们把守南门。 （6.27.17）

他命令自己的儿子
因陀罗耆把西门守住；
很多罗刹前后围护，
他擅长欺人弄幻术。 （6.27.18）

他命令苏伽和娑罗那，
把那北门把守着；
"我还要亲自去把守，"
他又对大臣们说。 （6.27.19）

罗刹毗噜钵刹，
精力、勇气都很可怕；

让他把守中央丛林,
率领着许多罗刹。 (6.27.20)

罗刹头子就是这样
安排把楞伽城防守;
他觉得自己做得都对,
他的末日已经临头。 (6.27.21)

他于是让大臣们
一个个都走开;
保卫这座名城,
他已作了安排。
大臣们向他致敬,
他们都希望获胜;
他然后走进了
自己那光辉的后宫。 (6.27.22)

《罗摩衍那（六上）·战斗篇（上）》第二十七章终

# 第二十八章

人王和猴王两个,
还有风神的儿郎;
熊罴王阎婆梵,
加上维毗沙那罗刹王。　　　　　（6.28.1）

波林的儿子鸯伽陀,
罗什曼那和舍罗婆,
须私那和萨诃陀耶陀,
曼陀和陀毗毗陀。　　　　　　　（6.28.2）

迦阇、迦婆刹、俱牟陀,
还有那罗和波那娑,
来到了敌人地域内,
走到一起互相商酌:　　　　　　（6.28.3）

"这就是那座楞伽城,
罗波那把它来守卫;
连阿修罗、龙、乾闼婆,

连神仙们都无法摧毁。 （6.28.4）

为了把事情办成功，
怎样做我们要商议；
罗刹国王罗波那，
就经常住在那里。" （6.28.5）

正当他们这样谈论，
罗波那的弟弟维毗沙那，
用人人能懂、少而深刻的语言，
开口对大家说了话： （6.28.6）

"我派到楞伽城里去，
我的大臣阿那罗[90]、
舍罗婆、商婆底、钵罗伽婆，
他们回来，完成了探索。 （6.28.7）

他们都变成了鸟，
走进敌人的军队去；
看到了他们的部署，
现在又回到这里。 （6.28.8）

他们已经向我报告，
坏蛋罗波那部署情形；
我现在如实地告诉你，
罗摩呀！你请听一听。 （6.28.9）

钵罗诃私陀率领兵卒,
把守着这城的东门;
摩诃波哩湿婆和摩护陀罗,
两个英雄把守城南门。 (6.28.10)

因陀罗耆把守西门,
很多罗刹把他拥围;
拿着三股叉、刀和弓,
还有插杵和锤。 (6.28.11)

罗波那的儿子率领着
手执各种兵器的英雄;
成千上万的罗刹们,
把各种兵器拿在手中。 (6.28.12)

罗波那极端激动,
很多罗刹把他拥围;
来到了城的北门,
亲自在那里守卫。 (6.28.13)

毗噜钵刹率领大军,
各个手执插杵、刀和弓;
他同罗刹们在一起,
把守城中央的莽丛。 (6.28.14)

他们就这样观察了

楞伽城中的莽丛；
我的那一群伙伴，
又迅速回到军中。　　　　　　　　（6.28.15）


城里有上千的大象，
有成阿由他的车辆，
有两阿由他的骏马，
罗刹有一亿以上。　　　　　　　　（6.28.16）


他们都勇敢有力量，
拿着弓走上了战场；
罗刹王要他们怎样，
罗刹们就怎么样。　　　　　　　　（6.28.17）


人主呀！为了进行战斗，
每一个罗刹的头领，
又都有成千上万的
罗刹喽罗把他围拥。"　　　　　　（6.28.18）


维毗沙那报告完了
大臣们讲的楞伽城情况；
对荷花眼睛的罗摩，
他又开口把话来讲：　　　　　　　（6.28.19）


"罗摩呀！从前罗波那，
跑去同财神爷战斗；

六十乘十万个罗刹,
追随在他的身后。 (6.28.20)

在勇敢和精力方面,
在威武和尊重事实上,
他们都傲慢自高自大,
同坏蛋罗波那一模一样。 (6.28.21)

你不应当发火,
我不是想来吓唬你;
因为你在战场上,
同神仙都敢比勇气。 (6.28.22)

你要亲自率领大军,
四种兵都包括在内;
你率领着这群猴子,
把罗波那粉碎。" (6.28.23)

罗波那弟弟这番话,
罗摩仔细地听完;
为了把敌人消灭,
他又对他开了言: (6.28.24)

"在楞伽城的东门,
猴子的统帅尼罗,
要率领很多猴子,

同钵罗诃私陀肉搏。　　　　　　　　　（6.28.25）

波林的儿子鸯伽陀
要率领着一支大军,
同摩诃波哩湿婆和摩护陀罗交战,
他要进攻那城的南门。　　　　　　　（6.28.26）

风神的儿子哈奴曼,
他要进攻城的西门;
他的威力无法衡量,
他要率领许多猴军。　　　　　　　　（6.28.27）

罗波那那一个坏蛋,
仗着大梵天钦赐的恩典,
对高贵的底提耶和檀那婆,
还有大仙人把坏事来干。　　　　　　（6.28.28）

他侵扰了所有的世界,
他折磨所有的生灵;
我下定决心亲自去
送那个大坏蛋命终。　　　　　　　　（6.28.29）

我同罗什曼那一起,
要去进攻城的北门;
罗波那在那个地方,
我要冲着他进军。　　　　　　　　　（6.28.30）

勇猛的猴子国王[91],
还有熊罴王阎婆梵,
罗刹国王的弟弟[92],
要把城中央莽丛攻占。　　　　　　（6.28.31）

猴子们在战斗中,
不许变成人的样子;
在战斗中在猴军里,
就让这个成为标志。　　　　　　　（6.28.32）

猴子们呀! 让这个标志
在我们自己人中保留;
我们七个保留着人形,
同敌人们去搏斗。　　　　　　　　（6.28.33）

我同我的弟弟,
有力量的罗什曼那,
加上那四个参谋,
第五个是维毗沙那。"　　　　　　（6.28.34）

为了使事情顺利进行,
罗摩对维毗沙那把话讲;
这一个聪明人下定决心,
把那一座须吠罗山爬上。　　　　　（6.28.35）

高贵尊严的罗摩

亲自率领着兵卒,
好像把整个大地
都严密遮盖住。
他样子很高兴,
奔向那楞伽城;
要杀掉那些敌人,
这尊严的人决心下定。　　　　　　（6.28.36）

《罗摩衍那（六上）·战斗篇（上）》第二十八章终

# 第二十九章

罗摩拿定了主意
要爬上须吠罗山；
他对弟弟罗什曼那，
还有须羯哩婆开了言； （6.29.1）

还有那忠诚的罗刹，
识达磨的维毗沙那，
他有主意又懂规矩，
说话的声音很柔滑： （6.29.2）

"这座山王须吠罗很好，
里面蕴藏着成百种矿物；
让我们都一起爬上去，
今天夜里就在那里过度。 （6.29.3）

我们将在那里观察楞伽，
那一座罗刹守卫的城；
那坏蛋把我老婆抢到那里，

他不想再要自己的性命。　　　　　　（6.29.4）

他不懂什么是达磨，
他不懂习俗和家世传统；
他那罗刹见识很卑鄙，
干了些受谴责的事情。　　　　　　（6.29.5）

那个著名的罗刹王，
我非常生他的气；
他干了那么多坏事，
我一定要把他击毙。　　　　　　（6.29.6）

他自己干了那些坏事，
已经被死神绳索套住；
他干了那些卑鄙勾当，
他将毁灭自己的家族。"　　　　　（6.29.7）

他就这样商量讨论，
罗摩被罗波那气得发抖；
须吠罗山峰美丽多彩，
他爬上去想在那里停留。　　　　　（6.29.8）

罗什曼那小心谨慎，
走在罗摩的身后头；
手里拿着上着箭的大弓，
兴致勃勃大跨步走。　　　　　　（6.29.9）

须羯哩婆跟在后面爬,
把大臣和维毗沙那带着;
还有哈奴曼和鸯伽陀,
尼罗、曼陀和陀毗毗陀。 (6.29.10)

迦阇、迦婆刹、迦婆耶,
舍罗婆、乾闼摩陀诺,
婆那娑和俱牟陀,
诃罗和兰帕等一伙。 (6.29.11)

这些和其他一些猴子,
走起路来迅捷无比;
他们在山上面爬行,
爬得像风一般急;
成百的爬上须吠罗山,
罗摩自己就在那里。 (6.29.12)

在很短的时间以内,
他们都爬上了山;
他们站在山顶上看,
楞伽城像悬在空中一般。 (6.29.13)

这一群猴子的头领,
看到挤满罗刹的楞伽城;
那些城门都很美妙,
周围绕着城墙一重。 (6.29.14)

这一群猴子的头领,
看到那非常奇妙的城墙;
蓝黑色的夜游者罗刹,
拥拥挤挤站在城墙上。　　　　　　　（6.29.15）

所有的猴子看到了
渴望战斗的那些罗刹;
他们发出了巨大吼声,
罗摩就把他们观察。　　　　　　　　（6.29.16）

接着太阳落了山,
彩霞照红了西天,
新升起来的满月,
把夜色照得灿烂。　　　　　　　　　（6.29.17）

于是维毗沙那
就毕恭毕敬
向罗摩敬礼,
这猴军的统领。
罗摩同罗什曼那,
被猴子头领围拥;
在须吠罗山顶上,
随意在那里露营。　　　　　　　　　（6.29.18）

《罗摩衍那（六上）·战斗篇（上）》第二十九章终

# 第三十章

在须吠罗山的峰顶上,
猴子头领度过了一夜;
他们都起来去观察
楞伽城的山林原野。 (6.30.1)

这些林野美丽无双,
它们辽阔又漫长;
看上去令人赏心悦目,
看了后他们惊奇发慌。 (6.30.2)

里面挤满瞻波伽和无忧树,
挤满蓬加伽、婆罗和多罗,
多摩罗树林把它们遮住,
还挤满了那伽摩罗[93]。 (6.30.3)

开着花的欣陀罗[94]、
阿周那和七叶树,
底罗伽和迦哩尼伽罗,

灰色花<sup>[95]</sup>处处可睹。　　　　　　　（6.30.4）

里面搀杂着许多树,
树顶上开着繁花美丽;
楞伽城美妙得真像是
开满天花的莓摩罗婆底<sup>[96]</sup>。　　　　（6.30.5）

成行的五颜六色的树林,
里面各种的花朵开满;
树枝美丽又很柔软,
颜色是翠绿和深蓝。　　　　　　　（6.30.6）

都是又香又美妙,
那些花朵和果子;
树木驮着这些东西,
好像人戴着首饰。　　　　　　　　（6.30.7）

树林像质多罗罗陀<sup>[97]</sup>的园林;
又像难陀那<sup>[98]</sup>美妙动人;
在所有季节中都很美妙,
六足的蜜蜂在那里成群。　　　　　（6.30.8）

公鸡、田凫和苍鹭<sup>[99]</sup>,
还有孔雀在跳舞,
印度杜鹃的鸣声,
响彻林中瀑布下落处。　　　　　　（6.30.9）

林中有狂欢的鸟群,
蜜峰也在那里飞鸣;
树丛里还有鸱鸪,
到处响彻鸟的鸣声。　　　　　　　（6.30.10）

大黑蜂子在里面叫,
其他蜜蜂也来到那里;
俱那罗伽[100]的鸣声响彻,
鸿雁的叫声也很清晰。　　　　　　（6.30.11）

这些英勇善变的猴子,
他们就都走进了
大大小小的园林,
心里欢喜兴致高。　　　　　　　　（6.30.12）

这些勇猛的猴子,
走进了那些树林;
芬芳扑鼻的和风,
带着花香吹向他们。　　　　　　　（6.30.13）

自己离开了那猴群,
另外一些猴子头领;
须羯哩婆允许他们,
走向悬旗的楞伽城。　　　　　　　（6.30.14）

他们惊动了鸟群,

他们也把兽群惊动；
这些最善鸣的猴子，
叫声震动了楞伽城。　　　　　（6.30.15）

这些行动迅捷的猴子，
双脚震动了这个大地；
他们的脚踏在地上，
把一阵阵灰土扬起。　　　　　（6.30.16）

熊罴、狮子和野猪，
水牛、猴子和小鹿，
听到声音大惊失色，
纷纷向四面八方奔突。　　　　（6.30.17）

特哩俱吒山的峰巅，
高得可以碰到天；
四周全为鲜花遮蔽，
好像是白银一般。　　　　　　（6.30.18）

这山宽阔一百由旬，
通身洁净又悦目；
平滑、美丽又巨大，
连飞鸟也难飞度。　　　　　　（6.30.19）

连人的心也登不上去，
更何况是见诸行动？

罗波那把守的楞伽城，
就高踞在山的峰顶。　　　　　　　　　　　（6.30.20）

这城有高大的城门，
像灰白色的云彩一般；
城墙是金的和银的，
看上去光辉灿烂。　　　　　　　　　　　　（6.30.21）

那些殿阁和楼台，
装饰着这座楞伽城；
好像是热季已过
云彩装饰的太空[101]。　　　　　　　　　　（6.30.22）

城里面有一座大殿，
一根根柱子装饰其间；
样子就如同吉罗娑山顶，
好像是画在天空上面。　　　　　　　　　　（6.30.23）

罗刹王的那一座支提[102]，
是全城的一颗宝石；
经常有一百个罗刹，
在那里守卫护持。　　　　　　　　　　　　（6.30.24）

罗什曼那的哥哥罗摩，
光辉灿烂，财富极多；
他同猴子们在一起，

来观察罗波那的城郭。　　　　　　（6.30.25）

城里面珍宝充斥,
有很多的防御工事;
成片的楼台殿阁,
把它来打扮装饰。
这座城有大栅栏,
还有很大的门扇;
罗摩率领大军,
把它来研究察看。　　　　　　　　（6.30.26）

《罗摩衍那（六上）·战斗篇（上）》第三十章终

# 第三十一章

看到了这些征象,
罗什曼那的哥哥,
就对罗什曼那
把吉祥的话来说: (6.31.1)

"有了那清凉的水,
安排好了那些军队,
罗什曼那!我们就住在
那些果子丰富的林内。 (6.31.2)

我感到恐怖就在眼前,
它将使整个世界毁灭;
熊罴、猴子和罗刹的
许多头领将会遭劫。 (6.31.3)

大风吹得很剧烈很带劲,
大地也在不停地震动,
那些山顶都在颤抖,

很多大山陷入地中。　　　　　　（6.31.4）

云彩像凶猛的野兽，
在那里粗狂地叫吼；
从里面落下了血雨，
一滴滴的鲜血直流。　　　　　　（6.31.5）

黄昏阴惨又凄凉，
红得像是旃檀香；
就好像一团烈火
从太阳里流出一样。　　　　　　（6.31.6）

卑鄙阴险的鸟兽，
对着那太阳叫吼；
叫声引起很大恐怖，
阴森凄惨令人发抖。　　　　　　（6.31.7）

暗淡的月亮在夜里，
似乎是受苦难的对象；
四周有一团黑红光圈，
好像大地的末日一样。　　　　　　（6.31.8）

太阳的光轮又短又红，
里面包含着许多险象；
可以看到一个蓝色的痣，
罗什曼那！在太阳面上。　　　　　　（6.31.9）

天上星宿的真相,
有点模糊不清晰;
罗什曼那!你请看,
星宿好像宣告世界末日信息。 (6.31.10)

那些乌鸦、鹰和大鹫,
都从天上掉到地下;
巨大的声音说出了
吉祥的和不吉祥的话。 (6.31.11)

楞伽城难以夺取,
罗波那把它守卫;
今天我们就带着猴子
迅速地走到城内。" (6.31.12)

罗什曼那的哥哥罗摩,
这样对罗什曼那说话;
这个有大力量的英雄,
迅速地从山顶上走下。 (6.31.13)

那个虔诚的罗摩,
从山顶上走了下来;
他看到自己的军队,
敌人难以挫败。 (6.31.14)

他同须羯哩婆一起,

把猴子大军控制住;
罗摩是懂得时间的,
准备进攻准时把军队督促。　　　(6.31.15)

这勇猛的英雄在吉日良辰,
率领浩浩荡荡的大军;
手执大弓,走在前面,
向着那座楞伽城前进。　　　(6.31.16)

维毗沙那和须羯哩婆,
哈奴曼、阁婆梵和那罗,
熊罴国王、尼罗和罗什曼那,
他们跟着他在后面走着。　　　(6.31.17)

再后面是一支大军,
熊罴和猴子组成;
他们把大地遮盖,
跟在罗摩身后趱行。　　　(6.31.18)

大象一般的猴子,
都坚决向敌军进攻;
抓起成百的大山,
还有高峻的山峰。　　　(6.31.19)

过了不太久的时间,
罗摩、罗什曼那弟兄俩,

这两个压服敌人的英雄，
来到罗波那的楞伽城下。　　　　　（6.31.20）

城上插遍了旗帜，
点缀着花园和树林；
堡垒奇妙，城垣拱门高耸，
这座城非常难以接近。　　　　　（6.31.21）

这座城连神仙也难以夺取，
猴子们受到罗摩的督促；
遵照他的命令向前推进，
压到城下向楞伽城猛扑。　　　　　（6.31.22）

楞伽城的那座北门，
高耸得像山峰一般；
罗摩拿着弓带领弟弟，
走上前去想把它夺占。　　　　　（6.31.23）

十车王的儿子罗摩，
兵临楞伽城下；
罗什曼那跟在身后，
把守此城的是罗波那。　　　　　（6.31.24）

他率兵来到北门，
罗波那就站在那里；
除罗摩外没有别人，

敢于把这座城门攻击。　　　　　（6.31.25）

罗波那把守这座城,
就像婆楼那守卫大海;
他率领很多可怕的罗刹,
把这城从四面守卫起来;
好像檀那婆把守地狱,
能让弱者吃惊发呆。　　　　　（6.31.26）

他看到了很多武士,
各种的兵器手中抓;
他看到了兵器成林,
还看到许多盔甲。　　　　　　（6.31.27）

猴军的统帅尼罗,
来到了东门那里;
同曼陀和陀毗毗陀,
这英勇的猴子站在一起。　　　（6.31.28）

鸯伽陀率领大军,
把城南门来威胁;
还有哩舍婆、迦婆刹、
迦阇以及迦婆耶。　　　　　　（6.31.29）

英勇的猴子哈奴曼,
进攻这座城的西门;

还有钵罗摩亭和钵罗伽婆,
和其他一些英雄们。 （6.31.30）

须羯哩婆亲自来
攻击城中心的丛莽；
他率领着许多猴子，
像金翅鸟和凤一样。 （6.31.31）

著名的猴子头领，
一共有三十六亿；
须羯哩婆在什么地方，
他们就都拥挤在那里。 （6.31.32）

根据罗摩下的命令，
罗什曼那和维毗沙那，
在每一座城门那里，
都把一亿猴子派下。 （6.31.33）

跟在罗摩的身后，
须羯哩婆和阎婆梵，
站在离中央莽丛不远，
很多兵卒跟在后面。 （6.31.34）

那些猛虎般的猴子，
牙齿尖利有如猛虎；
心情兴奋准备战斗，

他们抓着山石和树木。 (6.31.35)

他们的尾巴都变了样,
他们用牙齿和爪子当兵器;
他们的四肢也变了形,
他们的面孔也变易。 (6.31.36)

有的力量胜过十只象,
有的力量再增加十倍;
有的力量和勇敢,
可以同一千只大象媲美。 (6.31.37)

有的力量像潮涌,
有的力量再百倍增长;
另外的力量大无穷,
猴子头领就是这样。 (6.31.38)

他们都汇合了起来,
这样情景真是惊人;
好像蚱蜢飞了起来,
这一支猴子大军。 (6.31.39)

他们好像掩蔽了天空,
他们好像遮盖了大地;
把楞伽城团团围住,
猴子们都汇集到一起。 (6.31.40)

熊罴和猴子们，
有一百再乘上十万；
他们从四面八方，
涌向楞伽城门挑战。　　　　　　　　　　（6.31.41）

那一些勇猛的猴子，
从四面把山占满；
有一千乘一阿由他个，
对着这座城涌向前。　　　　　　　　　　（6.31.42）

那一些有力量的猴子，
手里都拿着大树；
楞伽城连风都难以吹进，
被猴子从四面团团围住。　　　　　　　　（6.31.43）

罗刹们惊慌失措，
他们受到了压迫；
猴子多得像云彩，
力量可比因陀罗。　　　　　　　　　　　（6.31.44）

发出了极大的声音，
好像海水在叫吼；
大海里波涛汹涌，
冲决堤岸往外流。　　　　　　　　　　　（6.31.45）

这大声音震撼楞伽城，

震撼着它的拱门,
震撼着它的城墙,
震撼着山岳和园林。 (6.31.46)

罗摩和罗什曼那,
还有须羯哩婆统率大军;
连所有的神鬼和阿修罗,
都难以接近他们。 (6.31.47)

罗摩命令那支军队,
把那些罗刹来杀伤;
然后同自己的大臣
反复讨论又商量。 (6.31.48)

他懂得事情的顺序,
他想把下一步行动来斟酌;
他回想起国王的达磨,
维毗沙那也同意这样做;
他把波林之子鸯伽陀叫来,
开口对他把话来说: (6.31.49)

"亲爱的猴子!你到那里去!
把我的话传给罗波那:
'我已经飞渡了大海,
顺利地来到楞伽城下。 (6.31.50)

你这家伙光辉已逝,
荣华消失,死在眼前;
你对乾闼婆和天女,
你对仙人和神仙。 (6.31.51)

你对那些龙和夜叉,
夜游者!还有国王,
犯下了许多罪行,
罗刹!你骄纵难当。 (6.31.52)

大梵天赐你恩惠你骄纵,
这恩惠已经耗完在今天;
我的老婆被你抢了来,
我来到这里像死神一般;
我就要对你执行天罚,
我现在站在你的城门前。 (6.31.53)

你将要被我杀死,
走神仙们的道路,
走大仙和王仙的道路,
罗刹!走所有他们的道路。 (6.31.54)

从前你骗过了我,
罗刹头子!你用幻术,
把我的悉多抢了来,
现在请再把那力量显露。 (6.31.55)

我要用我那些利箭,
把罗刹都消灭完,
如果你不向我投降,
把我的悉多归还。 (6.31.56)

虔诚的维毗沙那,
罗刹魁首投奔到我这里;
他将统治楞伽城,
没有任何的荆棘。 (6.31.57)

像你这样的坏蛋,
一刻也不能统治;
只有骄横的混蛋,
才听你的指使。 (6.31.58)

不然,罗刹!你就顽抗,
拿出你的勇气走向战场;
我用箭在战场上把你射死,
我将彻底把你消灭光。 (6.31.59)

如果你变成一只鸟,
迅速把三个世界飞越;
只要你让我看到,
你就别想再活着。 (6.31.60)

我说这些话为了你好,

请你准备自己的葬礼；
你把楞伽仔细看看，
你的性命攥在我手里。'"　　　　　　　　（6.31.61）

精力无穷的罗摩，
对鸯伽陀这样把话说完；
鸯伽陀纵身跳向空中，
活像那火神临凡。　　　　　　　　　　　（6.31.62）

那一个光辉的猴子，
转眼来到罗波那那里；
他看到魔王罗波那，
正同伙伴们坐在一起。　　　　　　　　　（6.31.63）

这一个猴子头领，
降落在离开他不远；
鸯伽陀戴着黄金项链，
像一团燃烧的火焰。　　　　　　　　　　（6.31.64）

他把罗摩说的话，
说给了罗刹王和大臣，
从头到尾，一句不漏，
也说出了自己的身份：　　　　　　　　　（6.31.65）

"罗摩是精勤的憍萨罗王，
我是罗摩派来的使者，

波林的儿子名叫鸯伽陀,
也许你曾听说过我。 (6.31.66)

侨萨厘雅的心爱儿子,
罗摩让我告诉你说:
'你滚出来战斗吧!
你这鄙卑狡诈的家伙。 (6.31.67)

我要杀死你,连你的大臣、
你的儿子、熟人和亲眷;
所有的世界在你死后
都将会变得快乐平安。 (6.31.68)

神仙、檀那婆和夜叉,
乾闼婆、龙王和罗刹,
还有仙人,你都是仇敌,
我今天就要把你来杀。 (6.31.69)

把你杀死了以后,
维毗沙那将要治国,
如果你不恭恭敬敬
把悉多送还给我。'" (6.31.70)

这一个猴子的头领,
就这样说着粗话;
那一个罗刹群的头子,

再也忍耐不下。 (6.31.71)

他气得红了眼睛,
给手下人下了命令:
"把那坏蛋抓住杀死!"
他催促着一连声。 (6.31.72)

听完了罗波那的话,
有四个可怕的罗刹,
威力像那火焰一般,
走上前来抓住了他。 (6.31.73)

陀罗的儿子鸯伽陀,
让别人把自己抓住;
这英雄在罗刹群中,
想把威力来显露。 (6.31.74)

他用两臂抱住他们,
他们像蛾子一样贴住他;
鸯伽陀纵身飞上宫殿,
这宫殿像山岳一般高大。 (6.31.75)

他跳跃得力量过猛,
四个罗刹从空中往下掉;
一下子落到了地面上,
罗刹主子瞪着眼瞧。 (6.31.76)

那座宫殿的尖顶,
像大山一般高耸;
就在十头魔王眼前,
他把它打得八落七零。 (6.31.77)


他砸碎了宫殿的尖顶,
他通报了自己的姓名;
他纵声大喊大叫,
像鸟一样飞入空中。 (6.31.78)


看到宫殿被破坏,
看到灾难就在眼前,
罗波那气得暴跳如雷,
他连连把粗气来喘。 (6.31.79)


罗摩被很多猴子围着,
猴子们喊叫心里快乐;
他渴望把敌人消灭,
走上前去准备肉搏。 (6.31.80)


威力极大的须私那,
这猴子个子像山峰;
他率领着许多猴子,
个个都能随意变形。 (6.31.81)


这猴子听须羯哩婆的话,

巡逻在四座城门前；
他是难以攻击的，
好像月亮带着群星转。　　　　　　　　（6.31.82）

看到了那些猴子，
组成了成百支队伍；
他们逼近了楞伽城，
一直延伸到大海近处。　　　　　　　　（6.31.83）

有一些罗刹大为吃惊，
另一些罗刹吓得发抖，
还有一些乐得发狂，
他们决心准备战斗。　　　　　　　　　（6.31.84）

城墙上和濠沟里，
也都爬上了猴子；
罗刹看到猴子上了墙，
他们心里忧愁不止。　　　　　　　　　（6.31.85）

这一番搏斗，
给人极大的慌恐；
到处狂呼乱叫，
响彻罗刹都城。
巨大的兵器，
罗刹拿在手中；
他们到处巡逻，

好像劫末狂风。　　　　　　　（6.31.86）

《罗摩衍那（六上）·战斗篇（上）》第三十一章终

# 第三十二章

那一群罗刹在城里,
来到了罗波那宫中;
报告他说这一座城
已被罗摩率领猴子围攻。　　　　　（6.32.1）

听到了全城被围,
这罗刹暴跳如雷;
他登到宫殿顶上,
把防卫措施增加一倍。　　　　　（6.32.2）

他看到这楞伽城,
连同山岳和园林,
被无数猴子围困,
他们从四面八方叫阵。　　　　　（6.32.3）

他看到这整个大地,
已经被猴子们吞掉;
"怎样把他们赶走呀?"

他心里面反复思考。　　　　　　　　　　（6.32.4）

想了很长的时间，
罗波那又变得坚定；
大眼魔王看着罗摩，
看着那些猴子头领。　　　　　　　　　　（6.32.5）

罗刹国王瞪大眼瞅着
成队成队的猴子兵；
他们为了让罗摩喜欢，
纷纷爬上了楞伽城。　　　　　　　　　　（6.32.6）

他们嘴赤铜色，光泽金黄，
为了罗摩，不顾性命；
拿娑罗、多罗和石头当兵器，
拼命地涌向这楞伽城。　　　　　　　　　（6.32.7）

猴子们用大树和山峰，
他们也用自己的手掌，
打碎了高耸的宫殿，
也把高峻的拱门打撞。　　　　　　　　　（6.32.8）

原来注满了清水，
城周围的那些濠沟；
猴子们把濠沟填满，
用沙、石、草和木头。　　　　　　　　　（6.32.9）

猴子头领爬上楞伽,
有的率领一千猴子,
有的率领一亿猴子,
有的率领十亿猴子。 (6.32.10)

众猴子们砸碎了
那些拱门黄金装成;
他们还把城门破坏,
像是吉罗娑山峰。 (6.32.11)

猴子们跳来又跳去,
他们嘴里呼叫连天;
他们冲向那楞伽城,
这座城像大象一般。 (6.32.12)

"非常健壮的罗摩胜利,
大力的罗什曼那胜利;
猴王须羯哩婆胜利,
有罗摩把他来护庇。" (6.32.13)

猴子们就是这样,
大喊大叫又说又唱;
个个都能随意变形,
他们冲向楞伽城墙。 (6.32.14)

毗罗婆呼和苏婆呼,

还有那个猴子那罗,
这一些猴子头领们,
进了城把城墙冲破。　　　　　　（6.32.15）

他们就在这个地方,
安营扎寨严密设防。　　　　　　（6.32.16）

俱牟陀进攻东门,
率领着猴子一百亿,
他被猴子围着站在那里,
猴子个个相信胜利。　　　　　　（6.32.17）

来到了这座城的南门,
英雄猴子舍多波厘,
有二十亿猴子围着他,
这有力的猴子站在那里。　　　　（6.32.18）

这猴子来到了城的西门,
陀罗的父亲须私那,
这有力的猴站在那里,
有十亿猴子围着他。　　　　　　（6.32.19）

罗摩带领着罗什曼那,
来到了城的北门;
还有大力的猴王
须羯哩婆在身后跟。　　　　　　（6.32.20）

大个子俱兰瞿罗[103],
可怕的迦婆刹,
率领着成亿的猴子,
在罗摩的身旁站下。　　　　　　　　　　（6.32.21）

消灭敌人的陀噜牟罗[104],
围着他的有成亿的熊罴;
熊罴行动迅捷可怕,
这大力熊罴在罗摩身旁站立。　　　　　（6.32.22）

精力旺盛的维毗沙那,
手执钉头锤作好准备;
这大力的罗刹站在那里,
被自己的随从所包围。　　　　　　　　（6.32.23）

迦阇和迦婆刹,
舍罗婆和乾囤摩陀诺,
保卫着这支猴子大军,
在四面八方来回巡逻。　　　　　　　　（6.32.24）

罗刹的主子罗波那,
直气得暴跳如雷;
他命令所有的兵卒,
迅速作好出击的准备。　　　　　　　　（6.32.25）

兵卒被罗波那催促着,

走了出去,情绪很高,
就好像涨潮时间内
涨满了的大海的波涛。　　　　　　　(6.32.26)


就正在这个时候,
展开了可怕的肉搏;
在罗刹和猴子之间,
像从前的神仙和阿修罗。　　　　　　(6.32.27)


他们用炽燃的钉头锤,
他们用短枪、插杵和大斧,
可怕的罗刹猛击猴子,
他们想显示自己的威武。　　　　　　(6.32.28)


个子极大的猴子们,
抓起了大树和山尖,
也用自己的爪和牙,
把那些罗刹来聚歼。　　　　　　　　(6.32.29)


另一些可怕的罗刹,
他们都站在城墙上,
用标枪、刀剑和插杵,
把地上的猴子来杀伤。　　　　　　　(6.32.30)


站在地上的猴子们,
生了气想跳跃上来;

他们把城墙上的罗刹,
拼命往下又拉又拽。 （6.32.31）

在罗刹们和猴子们之间,
展开了一场闹嚷嚷的大战;
肉和鲜血混成一团,
简直像是神话一般。 （6.32.32）

《罗摩衍那（六上）·战斗篇（上）》第三十二章终

# 第三十三章

高贵的猴子和罗刹,
展开了殊死的搏斗;
非常剧烈的怒气,
爆发在他们里头。　　　　　　　　(6.33.1)

罗刹们骑饰金的骏马,
火焰般的旗帜手中拿,
乘着太阳般的战车,
穿着美丽奇妙的铠甲。　　　　　　(6.33.2)

猛虎般的罗刹冲出来,
吼叫响彻上天下地;
行动粗暴的罗刹们,
渴望罗波那得到胜利。　　　　　　(6.33.3)

那一支猴子大军,
也渴望得到胜利;
他们猛冲罗刹军,

罗刹们变形随意。 （6.33.4）

就正在这个时候，
罗刹们和猴子们，
互相向着对方猛冲，
一场大战已经来临。 （6.33.5）

勇猛的罗刹因陀罗耆
同波林的儿子鸯伽陀，
捉对儿在那里交手，
像是安陀伽[105]勇斗湿婆。 （6.33.6）

无法忍受的商婆底，
在战场上同钵罗强迦，
那个猴子哈奴曼，
同阎浮摩林厮杀。 （6.33.7）

罗波那的弟弟那个罗刹，
他忿怒得无以复加；
维毗沙那在战场上，
奋战迅捷的密特罗祇那[106]。 （6.33.8）

有大力量的迦阇，
同陀波那[107]交手；
那勇猛的尼罗，
同尼空波决斗。 （6.33.9）

猴子国王须羯哩婆,
同钵罗伽娑交手;
光辉的罗什曼那,
同毗噜钵刹决斗。 (6.33.10)

难以近身的阿耆计都,
还有罗湿弥计都罗刹,
须菩陀祇那和耶若古波,
他们同罗摩在厮打。 (6.33.11)

婆竭罗牟湿提[108]同曼陀,
陀毗毗陀同阿舍尼钵罗婆[109]罗刹,
两个罗刹都非常可怕,
他们同两个猴子头领厮杀。 (6.33.12)

那英雄的钵罗陀钵那[110],
在战场上难以近身的罗刹,
同行动迅捷的猴子那罗,
在战场上捉对儿厮杀。 (6.33.13)

达磨的那英勇有力的儿子,
人们管他叫须私那,
这大猴子同毗君摩里,
也在捉对儿厮杀。 (6.33.14)

另外一些可怕的猴子,

同另外一些罗刹,
同很多的罗刹们,
捉对儿反复厮杀。　　　　　　　　　　（6.33.15）

这样爆发了一场大战,
闹闹嚷嚷,令人毛发竖立;
英勇的罗刹同猴子们,
个个都想得到胜利。　　　　　　　　　（6.33.16）

从猴子和罗刹身上,
血水流成了小河;
头发就是河里的草,
躯体在血水里漂没。　　　　　　　　　（6.33.17）

因陀罗耆发了火,
像因陀罗祭起金刚杵,
他祭起钉头锤打鸯伽陀,
英勇的鸯伽陀把敌军杀屠。　　　　　　（6.33.18）

光辉的猴子鸯伽陀,
在战场上迅猛奔突;
他砸碎了罗刹的金车,
连同马匹和车夫。　　　　　　　　　　（6.33.19）

钵罗强迦用三支箭
射中了那个商婆底;

马耳在战场上,
把钵罗强迦击毙。 (6.33.20)

大力的罗刹阎浮摩林,
生了气站在车上;
他投出了一支车上短枪,
打中了哈奴曼的胸膛。 (6.33.21)

风神的儿子哈奴曼,
往他的战车上爬;
一巴掌把车打碎,
连车上那个罗刹。 (6.33.22)

迦阁的身体被射穿,
罗刹陀波那手很麻利;
他射出了很锐利的箭,
迦阁用山峰和手掌把他击毙。 (6.33.23)

群猴之王须羯哩婆,
好像正吞掉那些兵卒;
他打穿了钵罗伽娑,
用一棵七叶树。 (6.33.24)

罗什曼那用雨般的箭,
压住了可怕的毗噜钵刹;
然后又射出了一支箭,

结果了这一个罗刹。　　　　　　　　　（6.33.25）

难以接近的罗刹，
阿耆计都和罗湿弥计都，
须菩陀祇那和耶若古波，
想射罗摩把乱箭射出。　　　　　　　　（6.33.26）

那罗摩也生起气来，
在搏斗中射出四支箭；
射穿了他们四个的脑袋，
这些箭都像火焰一般。　　　　　　　　（6.33.27）

曼陀在战斗中用手掌
打死了婆竭罗牟湿提；
这罗刹像城门楼子一样，
他连车带马倒在当地。　　　　　　　　（6.33.28）

霹雳一般陀毗毗陀，
抓起了一座山顶，
打倒了阿舍尼钵罗婆，
所有的罗刹看在眼中。　　　　　　　　（6.33.29）

阿舍尼钵罗婆在搏斗中，
也射出了霹雳般的箭；
想射中陀毗毗陀，
他正用大树来作战。　　　　　　　　　（6.33.30）

身上中了许多箭,
陀毗毗陀暴跳如雷;
他抓起一棵娑罗树,
把阿舍尼钵罗婆连车马打碎。 (6.33.31)

尼罗黑得像黑膏堆,
尼空波在搏斗中,
射出利箭想穿透他,
好像阳光穿透云层。 (6.33.32)

夜游者坼钵罗诃私陀[111],
射出了利箭一百支;
想在搏斗中穿透尼罗,
尼空波笑声不止。 (6.33.33)

战场上尼罗像毗湿奴,
把一个车轮抓在手内;
把尼空波和车夫的
脑袋都打了个碎。 (6.33.34)

毗君摩里站在车上,
射出了黄金装饰的箭;
他不时吼叫上几声,
想把须私那射穿。 (6.33.35)

猴子头领须私那,

看到他在车上站；
抓起了一座大山顶，
迅速地把车子打翻。 (6.33.36)

夜游者毗君摩里，
他的行动非常麻利；
他从车上跳了下来，
手执锤头站在那里。 (6.33.37)

杰出的猴子须私那，
一下子气上心头；
他抓起一块大石块，
对准罗刹就向外投。 (6.33.38)

夜游者毗君摩里，
用钉头锤打须私那；
这猴子魁首冲上前去，
钉头锤打中了他的胸膛。 (6.33.39)

猴子头领没有想到，
被可怕的锤头打击；
他在搏斗中抓起石头，
对准罗刹胸膛投过去。 (6.33.40)

夜游者毗君摩里，
被那块石头打中；

他的心被打穿了,
倒在地上丢了性命。 (6.33.41)

就这样那些夜游者,
被英雄的猴子们打击;
像天神打倒底提耶,
在搏斗中把他们打倒在地。 (6.33.42)

可怕的战场上落满了
斧刃箭[112]、刀剑和锤,
短枪、大箭和三股叉,
还有车辆已经被砸碎。 (6.33.43)

还有死了的战马,
又有打死的大象;
死猴子和死罗刹,
破轮、轴、轭和木杖;
都被打碎散落在地上,
来的有成群的豺狼。 (6.33.44)

猴子和罗刹的无头尸,
横七竖八倒在地上;
在这场喧闹的搏斗中,
像神仙和阿修罗搏斗一样。 (6.33.45)

那一群夜游者,

被猴子头领们
杀得血肉模糊,
鲜血流遍全身。
他们又振作起来,
准备继续再战;
他们都渴望着
太阳落下西山。 （6.33.46）

《罗摩衍那（六上）·战斗篇（上）》第三十三章终

# 第三十四章

正在互相扭打搏斗,
猴子们和罗刹们;
太阳落下了西山,
致命的暗夜已来临。 (6.34.1)

满怀敌意互相扭打,
都希望能胜利占先;
猴子和罗刹之间,
又展开了一场夜战。 (6.34.2)

猴子们说"你是罗刹",
罗刹们说"你是猴子";
在一片可怕的黑暗中,
他们搏斗,互相杀死。 (6.34.3)

"杀他,撕他,你过来!"
"你为什么从这里逃跑?"
在这一片大黑暗中,

只听到这样的喧闹。 (6.34.4)

罗刹皮肤是黑色的,
金铠甲都穿在身上;
在黑暗中光辉闪烁,
像草木燃烧的山王。 (6.34.5)

在那难以穿透的黑暗中,
罗刹们气得简直发了昏;
他们猛烈地冲上前去,
想吞掉那一些猴子们。 (6.34.6)

猴子们也气得可怕,
他们冲上去用尖牙咬撕;
撕烂镶着黄金的马匹,
咬碎火焰般的旗帜。 (6.34.7)

他们也气得发了昏,
他们用牙又咬又撕;
咬那大象和象奴,
咬那插着旗的车子。 (6.34.8)

罗什曼那和罗摩,
射出了毒蛇似的箭;
射死那些罗刹头子,
不管看得见看不见。 (6.34.9)

马蹄子和车轮子,
扬起了地上的尘土;
战士的耳朵和眼睛,
都被这些尘土堵住。　　　　　　（6.34.10）

这一场可怕的鏖战,
看了令人毛发直竖;
河里面流满了血水,
向前流驶得飞速。　　　　　　（6.34.11）

大鼓和杖鼓的声音,
还有打镲的声音,
搀杂着螺角竹声,
听起来非常惊人。　　　　　　（6.34.12）

那些被杀的罗刹们,
发出了惨厉的叫声;
猴子们使用的兵器,
响声也令人吃惊。　　　　　　（6.34.13）

现在的那一片战场,
兵器像是上供的花朵;
这地方认不出来,进不去,
这里鲜血流成了河。　　　　　　（6.34.14）

这一夜是残酷的一夜,

它夺去猴子和罗刹性命;
像是一个毁灭的夜间,
所有的众生难以逃生。 (6.34.15)

于是那一群罗刹,
在这残酷的黑暗里,
兴奋地向着罗摩冲去,
射出的箭好像下雨。 (6.34.16)

这一群忿怒的罗刹
向前冲又喊又叫;
那声音就好像是
七个海洋的怒涛。 (6.34.17)

罗摩射出了六支箭,
六支箭射死六个罗刹;
只是一眨眼的工夫,
射出的利箭好像火花。 (6.34.18)

难以制胜的耶若设睹卢,
摩诃波哩湿婆和摩护陀罗,
大个子的婆竭罗檀湿特罗,
苏伽和娑罗那这两个。 (6.34.19)

罗摩射出去的箭流,
要把他们的皮肤穿透;

他们带着留下来的性命，
从战场上仓皇逃走。　　　　　　　（6.34.20）


装饰着黄金的箭，
好像是火焰一样；
大力罗摩射了出去，
四面八方扫除阻障。　　　　　　　（6.34.21）


另外一些英雄的罗刹，
同罗摩面对面站着；
他们也都被他消灭，
好像火焰消灭飞蛾。　　　　　　　（6.34.22）


他的箭上装镶着黄金，
成千成千地向外发射；
在黑暗中闪出金光，
好像萤火虫照亮秋夜。　　　　　　（6.34.23）


罗刹们的吼叫声，
猴子们的喧闹声，
直闹得这可怕的夜
更加令人胆战心惊。　　　　　　　（6.34.24）


这巨大强烈的声音，
从四面八方增长；
特哩俱吒山布满洞穴，

这声音在洞穴里回荡。 （6.34.25）

大个子的俱兰瞿罗[113]，
颜色像黑夜一样暗；
他们用两臂抱住罗刹，
拼命往肚子里吞咽。 （6.34.26）

鸯伽陀在战场上，
准备把敌人来杀；
他打碎罗波那之子[114]的车，
杀死了他的那些马。 （6.34.27）

因陀罗耆跳下车子，
战车打碎，车夫被杀；
鸯伽陀赶走了
这有幻术的罗刹。 （6.34.28）

罗波那的儿子那坏蛋，
在战斗中十分顽强；
大梵天钦赐他恩惠，
他现在气得要发狂；
他隐藏起身子射出箭，
这些箭像那霹雳一样。 （6.34.29）

这个罗刹生了气，
射出了可怕的毒蛇箭；

对准了罗摩和罗什曼那，
要把他们的全身射穿。 （6.34.30）

《罗摩衍那（六上）·战斗篇（上）》第三十四章终

# 第三十五章

那一个光辉的王子,
英武雄健的罗摩,
下令给他的十员上将,
把因陀罗耆的踪迹搜索: （6.35.1）

须私那的两个儿子、
猴子头领尼罗、
波林的儿子鸯伽陀、
行动迅捷的舍罗婆、 （6.35.2）

毗那陀[115]和阎婆梵、
有大力的婆奴钵罗私陀[116]、
哩舍婆和哩舍婆塞犍陀[117],
消灭敌人者命他们去做。 （6.35.3）

这些猴子兴奋起来,
拔起了可怕的大树;
纵身飞到天空里去,

到十方去寻找搜捕。　　　　　　　（6.35.4）

这些猴子行动迅急,
懂得兵器的因陀罗耆,
用更迅速的神箭,
挡住他们的冲击。　　　　　　　　（6.35.5）

这些猴子行动可怕,
他们被大箭射伤;
他们看不到隐藏的罗刹,
像太阳被乌云遮住一样。　　　　　（6.35.6）

因陀罗耆渴望战斗,
射出去了许多利箭;
射到罗摩罗什曼那身上,
把他们的皮肤射穿。　　　　　　　（6.35.7）

罗摩、罗什曼那兄弟俩,
身躯长得结实坚强;
忿怒的因陀罗耆用蛇咬他们,
这些蛇变成了箭的模样。　　　　　（6.35.8）

他们身上很多鲜血,
从伤口里面流出;
他们俩看上去就像是
两棵开着花的金输迦树。　　　　　（6.35.9）

因陀罗耆眼圈发红,
身上黑得像黑眼药;
他把自己身子隐藏起来,
开口对他俩说道: （6.35.10）

"战斗时我隐藏身躯,
连三十三天主因陀罗,
也无法看到我接近我,
何况是你们这两个? （6.35.11）

罗摩你们兄弟两个,
已经中满了我射的箭;
我现在一下子大起来,
将送你们到阎王跟前。" （6.35.12）

他就这样把话说完,
对着罗摩和罗什曼那;
他又用箭射穿了他们,
大声吼叫心里乐开花。 （6.35.13）

他黑得像眼药膏,
他把那张大弓拉满;
在大战场上接二连三
发射出了可怕的箭。 （6.35.14）

他深知他俩身上的弱点,

他射出的那些利箭,
钻入罗摩、罗什曼那肤中,
这个英雄一再叫喊。 (6.35.15)


他们俩在两军阵前,
被箭雨牢牢地缚住;
他们俩什么也看不到,
甚至在一眨眼的工夫。 (6.35.16)


他们身上中了箭头,
全身四肢都被射穿;
好像大因陀罗的
断了绳摇动的旗杆。 (6.35.17)


这两个英雄皮肤被射穿,
摇摇摆摆痛苦不堪;
这两个保卫大地的弓箭手,
一下子倒在了地上面。 (6.35.18)


这两个英雄流满了血,
躺在阵亡英雄的床上;
全身都被利箭盖满,
痛苦得实在难当。 (6.35.19)


连一块大拇指宽的地方,
在他身上都受了伤;

没有一处没有中箭,
一直到手指头尖上。 (6.35.20)

残暴随意变形的罗刹,
已经杀死了他们两个;
鲜血从他们身上流出,
好像流水的两条长河。 (6.35.21)

罗摩首先倒了下去,
利箭射中身体裸露的地方;
罗刹因陀罗耆发了火,
从前对因陀罗打过胜仗。 (6.35.22)

铁箭和铁舌箭[118],
斧刃箭和鸢阇利迦[119],
牛牙箭和狮牙箭,
还有刀子射中了他。 (6.35.23)

他躺在英雄床上,
拿着弓已经没有弦;
弓柄从他手里往下滑,
在三个弯上有黄金镶嵌。 (6.35.24)

在罗刹的射程以内,
人中之雄倒在地上;
罗什曼那看到了他,

他对生命也绝了希望。　　　　　　　　（6.35.25）

两个英雄被箭射，
现在倒在地上；
那一群猴子们
围站在他们身旁。
猴子们聚在一起，
以风神之子为首；
他们都非常痛苦，
又都非常发愁。　　　　　　　　　　　（6.35.26）

《罗摩衍那（六上）·战斗篇（上）》第三十五章终

# 第三十六章

猴子们四下里看了看,
下面看地,上面看天;
看到罗摩和罗什曼那,
兄弟俩身上射满了箭。　　　　　　　(6.36.1)

那个罗刹射出了箭,
像因陀罗下雨一样;
维毗沙那和须羯哩婆,
来到了这个地方。　　　　　　　　(6.36.2)

尼罗、陀毗毗陀、曼陀、
须私那、须牟伽、鸯伽陀,
迅速地同哈奴曼一起,
在悲悼罗什曼那和罗摩。　　　　　　(6.36.3)

他们俩呼吸慢,动也不动,
沐浴在鲜血流成的洼中;
躺在两张箭做成的床上,

身上遮满了箭,躺得直挺挺。 （6.36.4）

好像两条喘气的蛇,
一动不动在那里躺;
全身都流满了鲜血,
好像纯金做成的幢。 （6.36.5）

这两个英雄动也不动,
躺在阵亡英雄的床上;
头领们围绕着他们,
泪水充满了眼眶。 （6.36.6）

看到罗摩兄弟两个,
身上中箭倒了下来,
所有猴子同维毗沙那,
都痛苦得难忍难耐。 （6.36.7）

所有这些猴子们,
向天上和四面看了看;
罗波那的儿子有妖术,
他们在战场上看他不见。 （6.36.8）

维毗沙那了解这妖术,
因陀罗耆虽然隐起身躯,
他却能看到哥哥的儿子,
就在自己的眼前站立。 （6.36.9）

他的英勇没人赶得上,
战场上没有人比他强;
维毗沙那看到了他,
用神术把自己隐藏。 (6.36.10)

因陀罗耆看到自己的战绩,
又看到了罗摩兄弟两个,
他心里真是非常快乐,
于是开口对罗刹们把话说: (6.36.11)

"那两个有力量的人,
杀了突舍那和伽罗;
现在罗摩和罗什曼那,
被我的箭送去见阎罗。 (6.36.12)

这两个人没有办法
逃过我射出去的箭,
虽然他们带着神魔,
带来了成群的大仙。 (6.36.13)

我的父亲为了他们,
放不下心被忧愁熬煎;
在有三个更次的夜里,
他的身体连床也不沾。 (6.36.14)

整个楞伽城为了他们,

好像是条雨季涨水的河;
现在这无用的罪魁祸首,
已经被我送去见阎罗。　　　　　　（6.36.15）

罗摩和罗什曼那的,
所有那些猴子们的
锐气已经彻底消灭,
就像那秋天的云气。"　　　　　　（6.36.16）

所有来到他跟前的罗刹,
他就这样对他们说了话;
又对准了那些猴子头领,
罗波那的儿子乱箭齐发。　　　　　（6.36.17）

他用利箭折磨猴子,
他想把他们吓倒;
这粗胳臂的罗刹头领,
纵声大笑,把话说道:　　　　　　（6.36.18）

"我用了可怕的箭雨,
在两军阵前射倒他俩;
这两兄弟躺在那里,
罗刹呀!你们放心吧!"　　　　　　（6.36.19）

他这样对罗刹说了话,
罗刹们打仗都很狡诈;

他们简直高兴得不得了,
对他的战绩怒放心花。 (6.36.20)

罗刹像雨云一般,
他们都纵声吼鸣;
他们知道罗摩被杀,
都向罗波那之子致敬。 (6.36.21)

他们看到了这两个人,
罗摩和罗什曼那一动不动;
躺在地上连气也不喘,
他们认为他俩已经命终。 (6.36.22)

因陀罗耆非常高兴,
他渴望战争胜利;
他让罗刹们都兴奋,
然后走进楞伽城里。 (6.36.23)

看到罗摩和罗什曼那
身体上全射满了箭;
须羯哩婆浑身上下
全都感到恐惧不安。 (6.36.24)

这一位猴王恐惧难安,
脸上流泪,焦忧不乐;
眼睛里也充满了忧愁,

维毗沙那对他把话说： (6.36.25)

"须羯哩婆！不要害怕了！
把你的眼泪抑制住；
现在战斗是这个样子，
胜负还没有最后定数。 (6.36.26)

如果我们的运气，
英雄呀！还保留一点，
罗摩和罗什曼那，
将会从昏迷中复元。 (6.36.27)

你自己同我失去首领，
猴子呀！要挺起腰板；
那些遵守真理达磨的人，
决不会被死亡吓瘫。" (6.36.28)

维毗沙那这样说了话，
就用沾了水的湿手，
从须羯哩婆的眼里，
把眼泪都一一抹走。 (6.36.29)

他这样用手抹了
聪明的猴王的脸；
他又开口说出了
适时而沉着的良言： (6.36.30)

"现在不是,群猴之王!
忧愁苦恼的时光;
连过多的爱如果不当,
也会把人引向死亡。　　　　　　　(6.36.31)

丢掉那些苦恼吧!
它会挫伤一切行动;
这些猴子罗摩是头领,
请把他的幸福想在心中。　　　　　(6.36.32)

你要认真保护罗摩,
一直等到他再复苏;
罗摩兄弟俩一苏醒,
我们的恐惧立刻排除。　　　　　　(6.36.33)

对罗摩这是小事一端,
罗摩决不会就此毁灭;
他还有秀美的神色,
这对于死人极为难得。　　　　　　(6.36.34)

因此,你自己要想开,
也要安慰自己的部队;
同时我也要再一次
把所有的兵卒去安慰。　　　　　　(6.36.35)

猴子头领!这些猴子

都把眼睛睁得挺大;
他们吓得不知所措,
都互相咬耳朵说话。　　　　　　(6.36.36)

看到我跑向那些兵卒,
鼓舞他们让他们喜欢;
让猴子们丢掉恐惧吧,
像丢掉用过的花环。"　　　　　　(6.36.37)

罗刹头领维毗沙那,
对须羯哩婆加以慰问;
他又走了去安慰
那一支逃散的猴军。　　　　　　(6.36.38)

大幻术家因陀罗耆,
被全体罗刹军围拥;
他走去见他的父亲,
进了那一座楞伽城。　　　　　　(6.36.39)

罗波那坐在那里,
他向他致敬双手合十;
把好消息禀报父亲,
罗摩兄弟已被杀死。　　　　　　(6.36.40)

魔王高兴得站了起来,
在怀中搂住了自己的儿子;

罗波那在群魔面前,
听到敌人已被杀死。 （6.36.41）

他嗅了嗅儿子的头,
满怀喜悦把他来问；
父亲问到事情经过,
儿子就一一禀闻。 （6.36.42）

这魔王心里面
高兴得亢奋激动；
他听了儿子的话,
儿子力大无穷；
对罗摩的恐惧,
已经完全丢净；
他心里高兴非常,
向儿子再三致敬。 （6.36.43）

《罗摩衍那（六上）·战斗篇（上）》第三十六章终

# 第三十七章

罗波那的那个儿子,
大功告成回到楞伽;
猴子头领围着罗摩,
满怀愁绪守卫着他。　　　　　　　(6.37.1)

哈奴曼、鸯伽陀、尼罗、
须私那、俱牟陀、那罗、
迦阇、迦婆刹、迦婆耶、
舍罗婆、乾闼摩陀诺。　　　　　　(6.37.2)

猴子头领阎婆梵、
兰帕、舍多波厘、钵里图,
还有一大部分猴兵。
用心守卫,手执大树。　　　　　　(6.37.3)

猴子们抬起头来,
向四面八方眺望着,
连那青草稍微一动,

他们都认为是来了恶魔。　　　　　　　　（6.37.4）

罗波那心里满意，
打发走了因陀罗耆，
他都召到跟前来，
那些看守悉多的魔女。　　　　　　　　（6.37.5）

罗刹女们和特哩俱吒，
听到呼唤一齐来到；
那魔王满心高兴，
对罗刹女们说道：　　　　　　　　　　（6.37.6）

"你们走去告诉悉多，
因陀罗耆杀死罗摩兄弟两个；
让她到战场上去看一看，
你们把她送上云车。　　　　　　　　　（6.37.7）

她仗恃着他们两个，
不肯低头服侍我；
现在她丈夫和弟弟，
都已经在沙场上倒卧。　　　　　　　　（6.37.8）

悉多不要再有什么顾虑，
她不要再有什么疑问；
她应该把我来服侍，
美丽首饰戴满全身。　　　　　　　　　（6.37.9）

她看到罗摩、罗什曼那,
今天已经死在战场上;
她再没有别的路可走,
她已经断绝了一切希望。" （6.37.10）

罗刹女们听完了
坏蛋罗波那的话,
立刻跑向补沙钵戈,
嘴里回答说:"好吧!" （6.37.11）

罗刹女们拉过云车,
遵照罗波那的命令;
她们走到悉多那里去,
悉多正在无忧树园中。 （6.37.12）

悉多正在花园里,
忆念丈夫怏怏不乐;
罗刹女走到她跟前,
把她扶上补沙钵戈。 （6.37.13）

悉多同特哩俱吒一起,
乘上那一辆补沙钵戈;
罗波那下令全楞伽城,
把幡幢到处悬挂着。 （6.37.14）

罗刹头子心里高兴,

在楞伽城里大声昭告：
"罗摩和罗什曼那，
已被因陀罗耆杀掉。" （6.37.15）

悉多同特哩俱吒一起，
乘坐云车往前飞去；
她看到整个猴子大军，
都已经被打倒在地。 （6.37.16）

她看到了那些罗刹，
个个高兴得怒放心花；
那些猴子却垂头丧气，
围看罗摩和罗什曼那。 （6.37.17）

她看到他们两个
在箭做的床上躺着；
罗摩和罗什曼那，
中了箭失去知觉。 （6.37.18）

两个英雄铠甲被穿透，
弓丢到了别的地方；
浑身上下盖满了箭，
躺在落满箭柄的地上。 （6.37.19）

她看到这英雄的兄弟俩，
这两个人中的骁雄；

悉多心里真正痛苦,
她嚎啕痛哭大放悲声。　　　　　　　　　　（6.37.20）

她眼睛里泪水含满,
她心里愁苦难安;
她看到兄弟两个,
威力抵得上神仙;
他俩已经死掉,
她心里这样猜度;
她痛苦忧愁难忍,
就开口把话来说。　　　　　　　　　　　　（6.37.21）

《罗摩衍那（六上）·战斗篇（上）》第三十七章终

# 第三十八章

她看到自己的丈夫被杀,
还有那个大力的罗什曼那;
悉多纵声嚎啕大哭,
痛苦忧愁把她折磨煞: (6.38.1)

"算命先生曾告诉我说,
我将生子,不会当寡妇;
今天罗摩却已被杀死,
他们的话骗人又糊涂。 (6.38.2)

他们说我将成为王后,
国王将举行萨特罗祭[120];
今天罗摩却已被杀死,
他们的话糊涂把人欺。 (6.38.3)

他们曾对我说过:
'你将是英雄国王的主妇';
今天罗摩却已被杀死,

他们的话骗人又糊涂。　　　　　　（6.38.4）

算命先生曾告诉我说，
我身上有吉相瑞符；
今天罗摩却已被杀死，
他们的话骗人又糊涂。　　　　　　（6.38.5）

一些妇女的双脚上，
如果有莲花的形象，
她们就会同丈夫一起，
被灌顶成为女王。　　　　　　　　（6.38.6）

没有吉祥痣的低贱女人，
难得幸福，成为寡妇；
我看不到我自己
吉祥痣已被消除。　　　　　　　　（6.38.7）

他们说的女子们的
那些莲花形象我都有；
今天罗摩却已被杀死，
这一切都证明是胡诌。　　　　　　（6.38.8）

我的头发细直发蓝，
我的眉毛紧紧相连，
我的小腿圆而无毛，
我的牙齿细密无间。　　　　　　　（6.38.9）

我的鬓角、眼睛、手、脚、
足踝还有大腿都很匀称；
我的手指甲又圆又润，
我的手指头可爱又滑平。　　　　　　　（6.38.10）

我的乳房肥大而紧凑，
奶头都深陷进去；
我的肚脐深深下陷，
两胁和胸膛都隆起。　　　　　　　　　（6.38.11）

我的颜色美如摩尼，
我的汗毛柔软美丽；
人们都说我身上具有
十二个吉祥标记。　　　　　　　　　　（6.38.12）

绵延不断，色如朝霞，
我手脚上有大麦粒标记；
懂得吉祥相的婆罗门，
都说我笑得很甜蜜。　　　　　　　　　（6.38.13）

深通相面术的婆罗门，
他们也都这样说；
说我将同丈夫共同灌顶，
现在一切都没有结果。　　　　　　　　（6.38.14）

他俩扫荡了阇那私陀那，

他俩搜集了有关的情报；
越过了其深无底的大海，
在这牛蹄洼里被人杀掉。 （6.38.15）

婆楼那和火神的兵器，
因陀罗和风神的兵器，
还有神秘的法宝梵头，
他兄弟俩都掌握如意。 （6.38.16）

罗摩和罗什曼那像因陀罗，
他们是我的保护人两个；
他们在战场上中了妖术，
被看不见的人杀死丢下了我。 （6.38.17）

敌人在那战场上，
只要在罗摩视线以内，
即使他们行动快似心思，
也不能全命而归。 （6.38.18）

命运没有过重的负担[121]，
死神是难以制胜；
否则罗摩和他弟弟，
就不会在战场上倒地丧命。 （6.38.19）

我不悲悼罗摩被杀，
我不悲悼罗什曼那，

我也不挂念我母亲，
像我把婆母那样记挂。　　　　　　　　　　（6.38.20）

她总是念念不忘，
什么时候誓言告终；
她又可以把悉多、罗摩，
把罗什曼那看在眼中。"　　　　　　　　　（6.38.21）

她这样哀伤悲悼，
罗刹女特哩竭吒却说：
"王后呀！不要难过！
你丈夫还活着。　　　　　　　　　　　　　（6.38.22）

我这样说的原因，
我就要告诉你说；
罗摩和罗什曼那
两兄弟都还活着。　　　　　　　　　　　　（6.38.23）

如果统帅已经被杀，
战场上战士的头领，
不会这样怒不可遏，
不会这样兴奋从容。　　　　　　　　　　　（6.38.24）

如果他们俩已把命丧，
这一辆天宫里的车辆，
名字叫作补沙钵戈，

就不会把你来运装。 (6.38.25)

如果军队失掉了元戎,
它就会动摇不安;
它不会有什么斗志,
像失掉了橹的船。 (6.38.26)

现在这支军队仍然是
斗志昂扬,精神奋发;
它在保护着罗摩兄弟,
他们俩中了妖术被打垮。 (6.38.27)

你现在就放心吧!
这些朕兆表示吉祥胜利;
你看到他俩没有被杀,
怀着深情我告诉你。 (6.38.28)

我从前没有说过谎话,
今后我也不会说谎;
你行为端正品质优秀,
因此我才把你在心里装。 (6.38.29)

连神魔加上因陀罗,
都无法战胜他们两个;
看一看他们俩的脸,
我才对你这样说。 (6.38.30)

第二十七卷 译著八

你慢慢看一看，悉多！
这个十分重大的标志：
他们俩死挺挺地躺着，
却没有失去标致。　　　　　　　　（6.38.31）

那些死去的生物，
那些逝世的人们，
看一看他们的面孔，
一定都是变形难认。　　　　　　　（6.38.32）

遮那竭的女儿呀！
不要痛苦、发呆、难过；
为了罗摩和罗什曼那，
你今天不能够不活。"　　　　　　（6.38.33）

悉多就像天神的女儿，
听完了她说的话；
她双手合十把话来说：
"但愿它就这样吧！"　　　　　　（6.38.34）

云车像心思那样飞腾，
她让补沙钵戈转回归程；
悉多同特哩竭吒一起，
又走进了那座楞伽城。　　　　　　（6.38.35）

从补沙钵戈上下来，

她同特哩竭吒一起；
成群的罗刹女又把她
送进了无忧树花园里。　　　　　　（6.38.36）

悉多走进了花园，
园子里有很多树；
这里是罗刹王的
休憩寻乐之处。
她心里想的
是那两个王子；
她现在又感到
忧愁痛苦不止。　　　　　　　　　（6.38.37）

《罗摩衍那（六上）·战斗篇（上）》第三十八章终

# 第三十九章

十车王的两个儿子，
被可怕的箭捆住；
他俩像蛇一样喘气，
躺在那里，血流如注。　　　　　　（6.39.1）

所有的那些猴子头领，
同须羯哩婆在一起，
围着那两个高贵的人，
满怀愁绪站在那里。　　　　　　（6.39.2）

就正在这个时候，
坚强的罗摩苏醒；
即使他为箭所困，
他的本质仍然坚定。　　　　　　（6.39.3）

他看到弟弟流着血，
样子真是痛苦不堪；
面孔上忧愁难忍，

他也难过又哀叹： (6.39.4)

"我还要悉多干吗？
我还要性命干吗？
我今天看到我弟弟，
在战场上打败被杀。 (6.39.5)

在世界上还能找得到
像悉多那样的老婆；
像罗什曼那这样的
兄弟和战友却难找着。 (6.39.6)

我将把性命丢弃，
在众猴子的眼前；
如果须弥多罗的儿子，
死去了不再回还。 (6.39.7)

对母亲㤭萨厘雅说什么？
对母亲吉迦伊说什么？
望穿秋水盼望爱子，
我怎么有脸见须弥多罗？ (6.39.8)

她丢掉儿子浑身发抖，
她将像鸭一样怒号；
如果我不带他回去，
我怎能把她安慰得了？ (6.39.9)

对设睹卢衹那怎么说?
对光辉的婆罗多说什么?
他同我一起流放森林,
回去却没有他陪伴着我。　　　　　　　　（6.39.10）

须弥多罗的谴责,
我实在无法承担;
我现在就寻死自杀,
我不能再活在人间。　　　　　　　　　　（6.39.11）

呸!我干了什么坏事,
为了我这个不良的人,
罗什曼那现在倒下了,
躺在箭床上气断归阴。　　　　　　　　　（6.39.12）

罗什曼那!我痛苦时,
你总是想法来安慰我;
今天你断了气死去,
不能再对我把话来说。　　　　　　　　　（6.39.13）

这英雄今天搏斗时,
把许多罗刹杀死在地上;
他现在却已躺在当地,
他被别人射中身亡。　　　　　　　　　　（6.39.14）

他躺在这箭床上面,

自己的血把全身流满；
他浑身上下带满了箭，
好像夕阳落下西山。　　　　　　　（6.39.15）

身体裸露部分中了箭，
他没有法子把人来看；
他痛苦得不能说话，
只能用眼神表示情感。　　　　　　（6.39.16）

我来到了那森林中，
这个光辉的人跟了来；
我现在要跟着他，
走向那阎摩王的世界。　　　　　　（6.39.17）

他总是热爱亲人，
他总把我跟随服侍；
他今天落得这样下场，
只因我做了坏事。　　　　　　　　（6.39.18）

即使在生气的时候，
那个英雄罗什曼那，
我想不起他在任何时候，
说过什么粗鲁的话。　　　　　　　（6.39.19）

罗什曼那一拉弓，
就能把五百支箭发射；

在使用射箭的兵器方面,
他超过了迦陀毗哩耶[122]。 (6.39.20)

即使是尊严的天帝释,
他也能用箭射落他的箭;
他惯于睡在华贵的床上,
现在却躺在尘土里面。 (6.39.21)

我没有把维毗沙那
扶上罗刹国王的宝座;
我说了话没有算数,
这件事无疑要折磨我。 (6.39.22)

就在目前这个时候,
须羯哩婆!你离开这里!
那个雄壮的罗波那,
认为我已死,会攻击你。 (6.39.23)

你让鸯伽陀走在前面
带上你的兵卒和亲眷;
再经过原来的那一座桥,
须羯哩婆!飞到大海那边。 (6.39.24)

哈奴曼在战场上的功绩,
别人真是难以做到;
熊罴王和牛尾猴王,

也使我满意兴致高。　　　　　　（6.39.25）

鸯伽陀的所作所为，
还有曼陀和陀毗毗陀，
吉萨陵在战场上的搏斗，
商婆底可怕的动作；　　　　　　（6.39.26）

迦婆耶和迦婆刹、
舍罗婆和迦阇，
还有其他那些猴子，
为了我战斗把命舍。　　　　　　（6.39.27）

须羯哩婆呀！凡人们
没有法子胜过命运；
作为一个伙伴或朋友
能够做的事，折磨敌人的人！
须羯哩婆呀！所有这一切，
你都做到把职责记在心。　　　　（6.39.28）

猴子魁首！作为朋友，
你们都尽上了自己的职能；
现在我就允许你们，
随自己的愿望各奔前程。"　　　（6.39.29）

所有的那些猴子，
他们的眼睛都发红；

听完了罗摩的悲叹,
眼泪在眼睛里转动。 (6.39.30)

维毗沙那安抚好
所有的那些兵卒;
他手里拿着钉头锤,
迅速来到罗摩所在处。 (6.39.31)

他快步走了过来,
黑得像一堆黑眼药;
所有的猴子看到他,
以为是罗波那来到。 (6.39.32)

《罗摩衍那(六上)·战斗篇(上)》第三十九章终

# 第四十章

有大力的光辉猴王,
接着就开了言:
"为什么大军这样慌,
好像风浪中的一只船?" （6.40.1）

听到须羯哩婆这样说,
波林的儿子鸯伽陀说了话:
"你还没有看到罗摩吗?
还有那大力的罗什曼那? （6.40.2）

十车王的两个儿子,
那两位英雄中了箭;
两位高贵人躺在箭床上,
浑身都被鲜血流溅。" （6.40.3）

群猴之王须羯哩婆,
又对儿子把话来说:
"我想,这不是原因,

他们这样怕却是为何？"　　　　　　　　（6.40.4）

这些猴子愁容满面，
丢下兵器四散逃窜；
因为心里恐惧震动，
他们都睁大了两眼。　　　　　　　　　（6.40.5）

他们彼此不觉害羞，
他们谁也不回头瞅；
他们彼此互相扯拽，
踏过躺在地上的群猴。　　　　　　　　（6.40.6）

英雄维毗沙那在这时候，
手执钉头锤来到跟前；
他使须羯哩婆兴奋，
低头就把罗摩来看。　　　　　　　　　（6.40.7）

须羯哩婆看到了
维毗沙那使猴子害怕；
熊罴王正站在身边，
他就对阇婆梵说话：　　　　　　　　　（6.40.8）

"刚刚走来了维毗沙那，
猴子头领们看到了他；
以为他就是因陀罗耆，
四出逃窜害了怕。　　　　　　　　　　（6.40.9）

这些猴子们害了怕,
他们纷纷到处乱跑;
请赶快稳住他们告诉说:
是维毗沙那来到。" (6.40.10)

熊罴之王阎婆梵,
把须羯哩婆的话听完;
他把猴子们都安抚住,
让他们从逃跑中回转。 (6.40.11)

所有的猴子都转回来,
他们不再吃惊害怕;
他们听了阎婆梵的话,
抬眼看到维毗沙那。 (6.40.12)

维毗沙那看到了
罗摩身上射满了箭;
罗什曼那身上也一样,
这虔诚的罗刹心中不安。 (6.40.13)

他用水湿了湿手,
擦他们二人的眼睛;
他心里充满了忧愁,
他哀伤痛哭不停: (6.40.14)

"这两个英雄喜爱战斗,

他们勇敢,性格坚定;
罗刹们卖弄了手段,
才使他俩落到这般情景。　　　　　　　(6.40.15)

我哥哥的那个儿子,
他本来是一个坏蛋;
这两个正直的人上了当,
他施展罗刹的狡诈手段。　　　　　　　(6.40.16)

两个人身上中满了箭,
浑身上下鲜血满涂;
他们俩睡在地上,
好像是两个箭猪。　　　　　　　　　　(6.40.17)

我仗恃着他俩的勇敢,
我心里充满了希望;
现在这两个杰出的人,
睡在这里等待死亡。　　　　　　　　　(6.40.18)

我今天活不下去了,
当国王的幻想已经消散;
我那个仇人罗波那,
他的愿望得以实现。"　　　　　　　　(6.40.19)

维毗沙那这样痛哭,
须羯哩婆把他拥抱;

这猴子性格坚定,
他对他把话说道: (6.40.20)

"深通达磨者!毫无疑问,
你一定能在楞伽为王;
罗波那同他的儿子,
永远不会如愿以偿。 (6.40.21)

罗摩、罗什曼那两个,
虽然为利箭所折磨,
他们俩一旦苏醒过来,
定能杀死罗波那一伙。" (6.40.22)

须羯哩婆这样安慰罗刹,
他又使他兴奋振作;
他岳父须私那站在身旁,
他就对他把话来说: (6.40.23)

"罗摩、罗什曼那兄弟,
两个摧毁敌人的人已昏迷;
你且同那些英雄猴子,
带着他俩回积私紧陀去。 (6.40.24)

我要杀死那个罗波那,
连同他的儿子和亲眷;
然后把悉多护送回去,

像因陀罗恢复光荣一般。" （6.40.25）

听了猴王这一番话，
须私那对他把话说：
"当年爆发了一场恶战，
天神勇斗阿修罗。 （6.40.26）

都是射箭的能手，
当年那些檀那婆们；
他们不时隐蔽自己，
杀死武艺精通的天神。 （6.40.27）

天神们受苦失去知觉，
天神们丢掉了性命；
祈祷主用药草来治疗，
他还把神咒念诵。 （6.40.28）

让商婆底和波那婆，
率领着成群的猕猴；
迅速到奶海那里去，
把这种仙草去寻求。 （6.40.29）

那些猴子们都知道，
山里面生长的草药，
能起死回生，天上所有，
能解除痛苦，天神所造。 （6.40.30）

大海里面有两座山,
名叫旃陀罗[123]和德卢那[124],
甘露就从那里搅出,
那里也是天上仙草的家。　　　　　(6.40.31)

在神仙安排的山上,
天上仙草就在那里生长;
就让风神的儿子哈奴曼
到那里去吧,啊,国王!"　　　　　(6.40.32)

就正在这个时候,
狂风雷电卷起了云层;
掀起了大海的怒涛,
好像把山岳都撼动。　　　　　　(6.40.33)

翅膀抖动扇起来的大风,
把岛上的大树吹倒;
大树都倒到海里去,
树枝折断,根都被拔掉。　　　　(6.40.34)

舒舒服服住在山里的蛇,
这时候都非常吃惊;
还有所有的那些海怪,
都迅速跳入海中。　　　　　　　(6.40.35)

猴子们在一转瞬间,

看到了大力的金翅鸟;
它本是毗那陀的儿子,
好像火焰把一切照耀。 (6.40.36)

看到飞过来的金翅鸟,
那些蛇都惊慌逃跑;
它们原先变成了箭的模样,
把两个大力好人捆得坚牢。 (6.40.37)

金翅鸟看到了罗摩兄弟,
它对他俩亲切致意问安;
又用翅膀拂拭他俩的面孔,
这面孔像是明月一般。 (6.40.38)

金翅鸟这样一拂拭,
他们的伤口立刻愈合;
他们两个的身躯,
迅速变得美丽柔和。 (6.40.39)

光辉、精力、力量、
精神、渴望、大德行、
美貌、智慧、记忆力,
在他俩身上加倍增生。 (6.40.40)

这二人有大精力像因陀罗,
金翅鸟把他们扶了起来;

金翅鸟拥抱他们两个,
罗摩说话,两人心里愉快: (6.40.41)

"罗波那的儿子制造大灾殃,
我们两个由于你的恩惠,
得以顺利地把灾殃度过,
我们很快就会把力量找回。 (6.40.42)

就像看到父亲十车王,
就像看到祖父阿阇,
我现在一同你接近,
心里就感到真是快乐。 (6.40.43)

你是谁呀这样英俊模样,
戴着天上花环涂着香,
装饰着天上的首饰,
穿着纯洁的衣裳。" (6.40.44)

光辉大力的金翅鸟,
毗那陀之子把话说:
"我是鸟王内心怡悦,
我眼里也充满快乐。 (6.40.45)

罗摩呀!我是你的朋友,
对你像性命那样亲;
我这金翅鸟来到这里,

想来保卫帮助你们。　　　　　　　　　（6.40.46）

有大威力的阿修罗，
有大力量的檀那婆，
连神仙加上乾闼婆，
为首的是帝释因陀罗；　　　　　　　（6.40.47）

连续不断的箭实在很可怕，
他们都无法把你拯救；
因陀罗耆擅长妖术，
他把残酷的勾当干够。　　　　　　　（6.40.48）

这些都是迦陀罗毗耶[125]蛇，
牙齿尖利，浑身是毒，
变成了箭钉在你们身上，
那罗刹施展了妖术。　　　　　　　　（6.40.49）

真正英武的罗摩呀！
你识达磨，你真幸福；
你同弟弟罗什曼那一起，
在战场上把敌人宰屠。　　　　　　　（6.40.50）

我听到那件事以后，
我连忙来到这里；
我因为热爱你们，
我要维护这友谊。　　　　　　　　　（6.40.51）

那利箭簇成的束缚,
你们两个人已经解脱;
你们两个要经常地
努力不懈把事情去做。　　　　　（6.40.52）

所有的罗刹天性就是
在战斗中弄虚作假;
而你们这纯真的英雄,
性格正直,力气很大。　　　　　（6.40.53）

因此,你们在战场上,
千万不要相信罗刹;
从这件事你们要记住,
罗刹们都是虚伪狡诈。"　　　　（6.40.54）

这个非常有力的金翅鸟,
这样对罗摩说了话;
他又接下去把话说,
满怀情谊来拥抱他:　　　　　　（6.40.55）

"朋友,识达磨的罗摩!
你连对敌人都友爱;
我现在想请求你,
允许我怎样来就怎样离开。　　　（6.40.56）

你将会用你的箭潮,

摧毁楞伽城只剩下老少；
你将得到你的悉多，
把敌人罗波那杀掉。" （6.40.57）

行动迅速的金翅鸟，
就这样把话说完；
他把罗摩的伤治好，
在所有的猴子中间。 （6.40.58）

这只精力充沛的金翅鸟，
向他右旋致敬，把他拥抱；
然后纵身飞入太空中，
像风一样迅速飞跑。 （6.40.59）

那些猴子头领都看到，
罗摩兄弟已经健康愉快；
他们大声发出狮子吼，
又频频把尾巴来摇摆。 （6.40.60）

愉快的猴子像从前那样，
把大鼓和杖鼓敲响；
他们也把海螺吹了起来，
个个都跳跃又欢畅。 （6.40.61）

英勇的猴子撞了又撞，
他们拿起大树当兵器；

他们拔起各种树木,
成十万地站在那里。　　　　　　　　（6.40.62）

他们发出了巨大的吼声,
吼声使得罗刹们震惊;
猴子们来到楞伽门前,
个个磨拳擦掌想动刀兵。　　　　　　（6.40.63）

那些猴子头领,
发出巨大吼声;
吼声响亮异常,
听了使人震惊。
好像夏末时分,
正是在半夜里,
云彩响出雷声,
听了使人战栗。　　　　　　　　　　（6.40.64）

《罗摩衍那（六上）·战斗篇（上）》第四十章终

# 第四十一章

那些矫健的猴子,
发出了巨大的吼叫;
同众罗刹在一起,
罗波那清晰听到。　　　　　　　　　　(6.41.1)

这吼声热情、深沉、剧烈,
罗波那已经听到;
在大臣们的中间,
他开口把话说道:　　　　　　　　　　(6.41.2)

"那些猴子这样愉快,
他们发出了这种吼声;
这吼声极其剧烈,
好像是夏日的雷鸣。　　　　　　　　　(6.41.3)

他们有了天大喜事,
这丝毫无可怀疑;
他们这剧烈的吼声,

连大海也震动不已。 （6.41.4）

罗摩和罗什曼那兄弟，
被利箭牢牢困逼；
这样巨大的吼声，
引起了我的怀疑。" （6.41.5）

罗刹群的头子就这样
对大臣们把话说过；
对那些围着他的罗刹，
他又开口把话来说： （6.41.6）

"你们要很快弄清楚，
所有的那些猴子们，
正在忧愁苦恼之中，
这样高兴的原因。" （6.41.7）

罗刹们听到他这样说，
匆匆忙忙爬上城墙来；
他们看到那一支大军，
尊严的须羯哩婆亲自统率。 （6.41.8）

罗摩罗什曼那兄弟两个，
从可怕的连续不断的箭中解脱出来；
他俩愉快地站在那里，
罗刹们看了吓得发呆。 （6.41.9）

他们心里十分惊慌,
他们都爬下了城墙;
脸上个个焦忧不堪,
一起走向罗刹国王。　　　　　　　（6.41.10）

愁眉苦脸的罗刹们,
他们都擅长言辞;
他们把全部不愉快之事,
一一如实向罗波那禀知:　　　　　（6.41.11）

"罗摩和罗什曼那兄弟,
战场上败在因陀罗耆手里;
他们两个被连续不断的箭捆住,
两只胳臂不能动转如意。　　　　　（6.41.12）

他们俩已从连续不断的箭中解脱,
我们看到他俩在战场上;
好像两只象割断了绳索,
力量可以比得上象王。"　　　　　（6.41.13）

听完了他们说的话,
这个有大力量的罗刹王,
满怀愁绪忧思不止,
哭丧着脸把话来讲:　　　　　　　（6.41.14）

"因陀罗耆在搏斗中射出的箭,

十分可怕,神仙恩典所赐;
剧毒像蛇,样子像太阳,
把他们俩捆得非常结实。 (6.41.15)

如果我那两个仇敌,
真的从连续不断的箭中解脱出来,
那么我就将看到全军
会要受到危险灾害。 (6.41.16)

那些箭威严像婆苏吉龙王,
射出去决不会不中;
在战场上射向敌人,
就能夺走他们的性命。" (6.41.17)

他怒气冲冲地这样说,
像毒蛇一般把气喘;
他对图牟罗刹说了话,
在众罗刹的中间: (6.41.18)

"罗刹都能做可怕的事,
你就率领罗刹大军,
从这里立刻冲出去,
把罗摩和猴兵杀绝斩尽。" (6.41.19)

聪明的罗刹国王,
这样对图牟罗刹下命令;

这罗刹对国王行过礼，
便愉快地走出了天宫。　　　　　　　　　（6.41.20）

他从城门里走出来，
对军队统帅下了指示：
"你赶快集合部队，
准备战斗莫延迟。"　　　　　　　　　　（6.41.21）

听了图牟罗刹的话，
跟随军队的那个统帅，
遵照罗波那的命令，
迅速把兵卒集合起来。　　　　　　　　　（6.41.22）

这些罗刹威武雄壮，
样子狞恶，缚着铃铛；
他们愉快地发出吼声，
把图牟罗刹围在中央。　　　　　　　　　（6.41.23）

手里拿着各种兵器，
手里拿着插杵和锤，
还有钉头锤和三股叉，
还有棍子和铁杵。　　　　　　　　　　　（6.41.24）

还有门闩和标枪，
还有斧刃箭、牌枪和斧钺；
这些可怖的罗刹走了出去，

吼声像云层中雷声那样剧烈。　　　　　（6.41.25）

另外一些罗刹穿着铠甲,
坐在装饰着旗帜的车上;
还有一些骑着面孔不同的驴子,
车子上罩着黄金的网。　　　　　　　　（6.41.26）

另外一些骑着飞快的马,
还有一些乘着好斗的大象;
猛虎般的罗刹走了出去,
像难以挨近的猛虎一样。　　　　　　　（6.41.27）

图牟罗刹声音像驴子,
他登上了一辆天车;
装饰着金子的驴子拉着,
驴子的脸同狼狮差不多。　　　　　　　（6.41.28）

有一大群罗刹把他围着,
勇猛的图牟罗刹走出去;
他笑着出了城的西门,
头领哈奴曼就在那里。　　　　　　　　（6.41.29）

这残暴的罗刹走出去,
他的面目实在可怕;
凶猛的鸟隐藏起来,
在前面想拦阻他。　　　　　　　　　　（6.41.30）

一只凶恶可怕的大鹫，
落到了车子的顶上；
许多吃死尸的猛禽，
一起落到旗杆顶上。　　　　　　　　（6.41.31）

一具白色巨大的尸体，
浑身是血，躺在地上；
在图牟罗刹的身边，
发出了不调和的声响。　　　　　　　（6.41.32）

神仙洒下了血雨，
大地在颤抖震动；
风从对面吹了起来，
声音就是飓风；
黑暗到处弥漫，
四面八方都看不清。　　　　　　　　（6.41.33）

这些恶兆使罗刹恐怖，
它们实在是可怕非常；
看到了这一些恶兆，
图牟罗刹心里惊慌。　　　　　　　　（6.41.34）

这个可怕的头子，
率领着许多罗刹；
从城里走了出去，
渴望把仗来打；

他看到那支大军,
众多猴子在里面;
罗摩双臂保护它,
好像是大海一般。　　　　　　（6.41.35）

《罗摩衍那（六上）·战斗篇（上）》第四十一章终

# 第四十二章

图牟罗刹走了出来,
这罗刹吼声令人恐怖;
所有的猴子求战心切,
看到他愉快地吼叫不住。 （6.42.1）

于是在猴子和罗刹中间,
爆发了一场猛烈的大战;
他们用可怕的大树互相打,
也使用插杵和锤互相杀砍。 （6.42.2）

可怕的猴子们被罗刹
从四面八方砍倒地下躺;
罗刹们也被那些猴子
用大树打倒在地上。 （6.42.3）

罗刹们发起怒来,
用利箭把猴子射杀;
箭上装着鹗毛一往无前,

它们的样子非常可怕。　　　　　　（6.42.4）

他们用可怕的钉头锤,
用三股叉、边橼和剑,
还有各样锋利的插杵,
也使用可怕的门闩。　　　　　　　（6.42.5）

这些有大力量的猴子,
被罗刹们驱赶四散;
他们忍耐不住,勇气上冲,
什么都不怕,把事情来干。　　　　（6.42.6）

他们的身躯被箭射穿,
他们的身躯被插杵打;
猴子头领抓起了大树,
他们也把石头来抓。　　　　　　　（6.42.7）

这些威猛可怕的猴子,
到处大声吼叫不止;
他们消灭了可怕的罗刹,
嘴里喊着他们的名字。　　　　　　（6.42.8）

在猴子们和罗刹之间,
爆发了一场惊奇残酷的大战;
他们使用各种的石头,
也使用枝子很多的树干。　　　　　（6.42.9）

有一些罗刹被消灭，
被那些胜利在握的猴子；
这些罗刹都嗜血如命，
鲜血从他们嘴里流出不止。　　　　（6.42.10）

有的肋骨上被撕裂，
有的被大树压上，
有的被石头砸碎，
有的被牙齿咬伤。　　　　（6.42.11）

到处是撕碎的幢，
被打倒在地的驴子，
还有砸倒的车辆，
以及倒下的夜游者。　　　　（6.42.12）

猴子们威力可怕，
他们迅速地跳跃；
罗刹们自己脸上，
被锐利的指爪抓破。　　　　（6.42.13）

罗刹的脸变了颜色，
他们的头发散乱；
血味使他们昏迷，
他们倒在尘埃间。　　　　（6.42.14）

其他一些威力可怕的罗刹，

他们直气得怒火冲天，
他们用手掌来打猴子，
好像金刚杵打上一般。　　　　　（6.42.15）

他们行动迅速向前扑，
猴子们比他们更迅速；
猴子们用手、脚、牙咬打，
他们也使用大树。　　　　　　　（6.42.16）

罗刹头子图牟罗刹，
看到军队四散逃窜，
他一怒就把猴子杀，
猴子们都渴望酣战。　　　　　　（6.42.17）

有的猴子被牌枪打中，
鲜血不停地往下流；
有的被锤子所击，
一下子倒在地上头。　　　　　　（6.42.18）

有的猴子被门闩打中，
有的猴子中了牌枪；
有的被三股叉所击，
摇摇晃晃把命丧。　　　　　　　（6.42.19）

有的被鲜血弄湿，
有的被打死在地上，

有的在战斗中被罗刹打,
倒在地上把命丧。 (6.42.20)

有的心脏被打碎,
有的侧身躺在尘埃;
有的被插杵打倒,
肠子从肚子里流出来。 (6.42.21)

就爆发在他们身边,
一场猴子罗刹的混战;
各种兵器都被使用,
石头、大树搅成一团。 (6.42.22)

于是就响起了一曲战歌,
甜蜜的弓弦声就是琵琶;
加上雷声组成交响乐,
人们的呻吟把拍子来打。 (6.42.23)

图牟罗刹手里拿着弓,
射出了一阵阵的箭雨;
在战场上含着微笑,
把那些猴子赶驱。 (6.42.24)

猴军为图牟罗刹所窘,
风神的儿子看在眼里;
他直气得暴跳如雷,

抓起大石头就冲上去。　　　　　（6.42.25）

他气得两眼发了红，
他像自己父亲那样英勇；
他抓起了一块大石头，
把图牟罗刹的车投中。　　　　　（6.42.26）

罗刹看到石头砸下来，
他匆忙把钉头锤抓起；
他飞速从车上跳下来，
就在当地上站立。　　　　　　　（6.42.27）

那块石头砸碎车子，
一下子掉落在地上；
车轮、车辕加上马，
还有幢和弓都被砸伤。　　　　　（6.42.28）

风神的儿子哈奴曼，
把那辆车砸碎以后，
就用带着枝干的树木，
同罗刹们勇敢搏斗。　　　　　　（6.42.29）

罗刹们的头被打破，
鲜血把全身流满；
另一些罗刹被树打倒，
直挺挺躺在地上面。　　　　　　（6.42.30）

风神的儿子哈奴曼,
把罗刹大军都驱散;
他抓起了一座山峰,
对准图牟罗刹直冲向前。　　　　　　　（6.42.31）

图牟罗刹英勇顽强,
手里把钉头锤高举;
对着冲上来的哈奴曼,
大吼一声冲向前去。　　　　　　　　　（6.42.32）

忿怒的图牟罗刹,
把多刺的钉头锤举起;
对准了哈奴曼的脑袋,
飞快地投了出去。　　　　　　　　　　（6.42.33）

钉头锤样子可怕,
哈奴曼被它打中;
哈奴曼根本不在意,
这个猴子力量如神风;
对准图牟罗刹的脑袋,
他投出了一座山峰。　　　　　　　　　（6.42.34）

罗刹被山峰砸上,
浑身上下都在抖颤;
他一下子倒在地上,
好像一座打碎的山。　　　　　　　　　（6.42.35）

看到图牟罗刹被杀,
那些剩下的罗刹们,
惊慌失措逃回楞伽,
又被猴子杀了一阵。　　　　　　　（6.42.36)

风神之子哈奴曼,
把敌人又杀又砍;
鲜血流了出来,
把河流都涨满。
这个高贵的猴子,
杀敌杀得疲倦;
他高兴又兴奋,
受到猴子称赞。　　　　　　　　　（6.42.37)

《罗摩衍那（六上）·战斗篇（上）》第四十二章终

# 第四十三章

罗刹的头子罗波那,
听到图牟罗刹被杀;
统帅双手合十站在身旁,
他就对他开口说话: (6.43.1)

"他们难以制服,凶猛可怕,
赶快让这些罗刹出战;
阿甘波那[126]精通一切兵器,
就把他放在最前面。" (6.43.2)

眼睛面孔都凶恶的罗刹,
于是就抓起各种兵器;
他们受到统帅的督促,
都从城里走了出去。 (6.43.3)

阿甘波那走了出去,
登上了一辆大车;
车上装着纯金环子,

可怕的罗刹后面跟着。　　　　　（6.43.4）

连神仙们在战场上，
也无法让他动摇；
阿甘波那在魔群中，
像是太阳光华普照。　　　　　（6.43.5）

他正在走出城来，
兴奋激动去迎战；
他那些拉车的马，
猛然碰到了灾难。　　　　　　（6.43.6）

心潮起伏把战斗迎，
他的左眼忽然跳动；
他脸上变了颜色，
他的声音含糊不清。　　　　　（6.43.7）

虽然天地晴和，
忽然吹起了恶风；
所有鸟兽都在乱叫，
听上去令人心惊。　　　　　　（6.43.8）

他的肩膀像是狮子，
他的力量比得上老虎；
他毅然走向战场，
这些恶兆他不管不顾。　　　　（6.43.9）

这个罗刹就是这样,
率领着罗刹迈步向前;
突然爆发出狂吼,
好像要把大海摇撼。 (6.43.10)

那一支猴子大军,
被这吼声所震惊;
他们手里拿着树和石,
站在那里准备斗争。 (6.43.11)

在猴子和罗刹之间,
爆发了一场战争;
为了罗摩和罗什曼那,
他们丢掉自己的性命。 (6.43.12)

他们都是极有力的英雄,
他们都像大山一样;
这一些猴子和罗刹,
互相把对手杀伤。 (6.43.13)

双方都是英勇绝伦,
他们在暴怒中狂吼;
战场上的闹声震天,
他们互相咒骂对手。 (6.43.14)

猴子和罗刹扬起的烟尘,

现在变成了红色；
看上去十分可怖，
把四面八方蔽遮。 (6.43.15)

他们互相抖动丝衣服，
扬起了灰白色的尘土[127]；
弥漫在那片战场上，
所有人物都看不清楚。 (6.43.16)

不管是幢，还是幡，
不管是铠甲，还是马，
不管是兵器，还是车，
都被尘土遮盖下。 (6.43.17)

他们彼此互相冲撞，
发出了巨大的吼声；
只闻声音不见形体，
在这场混乱的搏斗中。 (6.43.18)

那些猴子发了火，
在战场上把猴子杀；
在一片黑暗里面，
罗刹们杀死罗刹。 (6.43.19)

那一些猴子和罗刹，
既杀敌人也杀自己；

鲜血流注在大地上，
把大地变成了稀泥。 （6.43.20）

鲜血如注一来浇，
尘土完全消失掉；
尸体成堆又成列，
把这大地都笼罩。 （6.43.21）

猴子和罗刹飞速腾转，
拼上命来互相杀砍；
他们用树、短枪和石头，
也用牌枪、锤、门闩和大箭。 （6.43.22）

猴子长得像大山一样，
他们用门闩似的胳臂打仗；
他们的动作非常可怕，
在战场上把罗刹杀伤。 （6.43.23）

那些罗刹也发了火，
手里拿着牌枪和大箭；
他们用非常残酷的兵器，
把那些猴子们来杀砍。 （6.43.24）

猴子们也搏斗得很努力，
他们冲上去砸断兵器；
他们用大树和石头，

把罗刹们砸得烂如泥。　　　　　　　（6.43.25）

这时候英雄的猴子，
俱牟陀、那罗和曼陀，
也拼命冲上前去，
他们都是满腔怒火。　　　　　　　　（6.43.26）

跳跃迅捷的猴子头领，
就在这一片战场上，
游戏般拿起大树当兵器，
把罗刹军大杀了一场。　　　　　　　（6.43.27）

《罗摩衍那（六上）·战斗篇（上）》第四十三章终

# 第四十四章

阿甘波那看到了
猴子头领这些动作；
他渴望投入战斗，
显露出满腔怒火。　　　　　　　（6.44.1）

他气得简直发了昏，
手中挥动着大弓一张；
他看到敌人的行动，
对车夫开口把话讲：　　　　　　（6.44.2）

"车夫呀！请你赶快
把车子赶向战场；
那里有很多猴子
把很多罗刹杀伤。　　　　　　　（6.44.3）

在那里的猴子们，
个子可怕又有力；
他们拿着树当兵器，

正对着我站在那里。　　　　　　　（6.44.4）

他们以能战傲人，
我想去杀死他们；
整个这罗刹大军，
被他们消灭净尽。"　　　　　　　（6.44.5）

最杰出的车夫阿甘波那，
乘着快马拉的车子；
他忿怒地射出了利箭，
冲上前去把猴子杀死。　　　　　　（6.44.6）

猴子们挡也挡不住，
哪里还谈得上战斗？
所有的猴子被阿甘波那
用箭射中四散逃走。　　　　　　　（6.44.7）

这些猴子被死神抓住，
他们被阿甘波那所困；
哈奴曼看到了他们，
这大力猴子来救亲人。　　　　　　（6.44.8）

所有那些猴子头领，
看到这大猴子来到；
这些英雄聚拢起来，
在战场上把他围绕。　　　　　　　（6.44.9）

那一些猴子头领,
看到哈奴曼来到;
有了这有力的靠山,
他们的力量更增高。 (6.44.10)

哈奴曼来到了那里,
样子像是一座大山;
阿甘波那用箭雨射他,
好像因陀罗用水下雨一般。 (6.44.11)

箭雨落到他身上,
他根本不管那些利箭;
这大力猴子下定决心,
把阿甘波那来斩。 (6.44.12)

风神的儿子哈奴曼,
这威猛的猴子含着笑,
向那个罗刹猛冲过去,
好像把大地动摇。 (6.44.13)

他纵声猛烈吼叫,
他身上燃烧着威光;
他的样子不可抗御,
好像燃烧着的太阳。 (6.44.14)

他知道自己没有兵器,

他心里充满了怒气;
他撕下来了一片大山,
这猴子头领施展威力。 (6.44.15)

风神的儿子用一只手,
抓住了那一座大山;
这威猛的猴子狂吼,
他把大山往复旋转。 (6.44.16)

他就这样奋力冲向
阿甘波那罗刹头子;
就好像堡垒的破坏者[128],
战场上用金刚杵打那牟质[129]。 (6.44.17)

阿甘波那看到了,
那座山峰飞到空中;
他从远处用新月形的箭,
射碎了那一座山峰。 (6.44.18)

那座山峰在空中,
被罗刹的箭射碎;
看到它碎落下来,
哈奴曼暴跳如雷。 (6.44.19)

这个猴子怒火中烧,
他走近一棵马耳树;

像是一座高峻的大山，
他迅速地把它拔出。 （6.44.20）

这个有大光辉的猴子，
拿着粗干的马耳树；
他在战场上笑了一笑，
满怀怡悦把树挥舞。 （6.44.21）

他飞速地奔向前去，
用大力把一些树碎劈；
极端忿怒的哈奴曼，
用四只脚踩碎大地。 （6.44.22）

哈奴曼杀死了那些大象，
连同象奴、车子和车夫；
这聪明睿智的猴子，
杀死了罗刹和步卒。 （6.44.23）

哈奴曼在战场上，
就像忿怒的死神；
他能夺走人们的生命，
罗刹看到他四散逃奔。 （6.44.24）

他怒气冲冲跑了过来，
罗刹们看到他丧了胆；
那英雄的阿甘波那，

暴跳如雷，吼声震天。　　　　　　（6.44.25）

他射出了利箭十四支，
支支能穿透人的身躯；
阿甘波那射穿了
英勇哈奴曼的身体。　　　　　　　（6.44.26）

哈奴曼浑身上下，
被雨点般的箭射中；
这英雄看上去就好像
一座长满了树的山峰。　　　　　　（6.44.27）

他又拔起了另一棵树，
他施展了无上的威力；
看准了罗刹头子阿甘波那，
对着他的脑袋投了过去。　　　　　（6.44.28）

那高贵尊严的猴子，
一怒之下拔起大树，
打到这个罗刹头上，
罗刹倒在地上亡故。　　　　　　　（6.44.29）

看到那一个罗刹头子，
阿甘波那被杀倒地亡故，
所有的罗刹都吓了一跳，
好像地震中的大树。　　　　　　　（6.44.30）

这一群被打败的罗刹,
丢掉了手中拿的兵器,
一齐跑向那座楞伽城,
猴子们跟踪追击。 (6.44.31)

他们被打败头发散乱,
他们慌慌张张心慌意乱;
累得汗水全身都流满,
喘着气向四面八方乱窜。 (6.44.32)

他们互相推挤践踏,
战战兢兢地进了城;
他们不时回头望望,
他们吓得惊魂不定。 (6.44.33)

罗刹们跑进了楞伽城,
那些力量很大的猴子,
全都跑到一起来了,
对哈奴曼赞扬备至。 (6.44.34)

哈奴曼心里很高兴,
他也向猴子们回敬;
哈奴曼品质很高贵,
这样做合理合乎人情。 (6.44.35)

猴子们求胜心高,

他们拼命大声吼叫；
还有一些罗刹活着，
猴子想把他们消灭掉。　　　　　　（6.44.36）

风神的儿子，
杀死那罗刹；
这个大猴子
享受英雄荣华。
就像毗湿奴，
在那战场上，
把可怕的灭敌[130]，
大阿修罗杀死一样。　　　　　　（6.44.37）

成群的天神，
向猴子敬礼；
还有大力罗什曼那，
也有罗摩自己。
以须羯哩婆为首的
众家猴子头领，
大力的维毗沙那，
也向猴子致敬。　　　　　　（6.44.38）

《罗摩衍那（六上）·战斗篇（上）》第四十四章终

# 第四十五章

听到阿甘波那被杀,
罗刹头子怒火中烧;
他脸上愁云满布,
对着那些伙伴们瞧。 (6.45.1)

他在心里想了一会,
又同大臣们议论商讨;
然后他巡行楞伽城,
把所有的部队都瞧一瞧。 (6.45.2)

成群的罗刹把守这城,
很多部队围绕着它;
他看到了楞伽全城,
幡和幢到处遍插。 (6.45.3)

罗刹主子罗波那,
看到全城被包围起来;
对英勇的钵罗诃私陀,

他不耐烦地把话说开： (6.45.4)

"这座城突然被围困，
它受到的压力不小；
擅长战斗者！想解救它，
我看只有战斗路一条。 (6.45.5)

只有我同鸠槃羯叻拿，
只有你，我的将军，
只有因陀罗耆和尼空波，
才能把这重担担在身。 (6.45.6)

你要率领一支军队，
迅速地离开这里；
冲向那些猴子们，
为了夺取胜利。 (6.45.7)

只要你一走出去，
猴军就会动摇；
一听到罗刹吼叫，
他们就四散奔逃。 (6.45.8)

猴子们天性摇摆不定，
没有训练，心思浮动；
他们受不住你的怒吼，
像大象受不住狮子吼声。 (6.45.9)

只要兵卒一逃跑,
罗摩和罗什曼那,
钵罗诃私陀!就要投降,
无依无靠没办法。 (6.45.10)

灾难并不肯定会有,
幸福也不肯定会无;
你认为什么对我好,
什么是祸,什么是福?" (6.45.11)

军队统帅钵罗诃私陀,
听完了罗波那说的话;
好像是对阿修罗王,
他连忙把罗刹王回答: (6.45.12)

"国王呀!我们从前
同善良的大臣讨论过;
我们互相检查了一下,
我们中间起过风波。 (6.45.13)

我当时的决心是,
最好是送还悉多;
我们没有送还她,
现在就爆发了战火。 (6.45.14)

你经常加恩于我,

赐给我财物和邸宫；
用各种温语把我安慰，
到了此时我怎能不尽忠？ （6.45.15）

我不要保卫自己的性命，
我也不要妻子和财物；
请你看着我去牺牲吧，
战场上我为你把生命献出。" （6.45.16）

这个统帅就是这样，
对主子罗波那开了言；
钵罗诃私陀回头告诉军官，
这些军官正在他面前： （6.45.17）

"那些猴子在战场上
被我的霹雳箭射杀；
今天就让那些飞鸟
把他们的鲜血喝干吧！" （6.45.18）

听到钵罗诃私陀的吩咐，
那些军官都慌了神；
他们就在罗刹的宫中，
集合起罗刹的大军。 （6.45.19）

楞伽城一转眼的工夫，
就挤满了罗刹英雄；

他们高举各种兵器,
好像大象挤满其中。 (6.45.20)

有的罗刹在那里祭火,
有的罗刹向婆罗门敬礼;
香气氤氲的和风,
吹来了阵阵奶油香气。 (6.45.21)

他们受到了告别的祝福,
他们戴起各样的花环;
那些罗刹心里都兴奋,
他们做好准备出去迎战。 (6.45.22)

手里执弓,身上穿铠甲,
罗刹们迅速地跳跃;
他们看着国王罗波那,
他们围着钵罗诃私陀。 (6.45.23)

他们向国王致过敬,
敲起了可怕的大鼓;
钵罗诃私陀登上神车,
车子做好了战斗部署。 (6.45.24)

车子上套着飞驰的骏马,
车夫的技术都完全成熟;
声音就像大块的云彩,

又像月光那样光辉耀目。 （6.45.25）

车子上装饰着龙幢，
构造精致有挡泥板下罩；
上面张着黄金的网，
好像在光辉中微笑。 （6.45.26）

迫于罗波那的命令，
钵罗诃私陀登上了车；
他迅速走出楞伽城，
罗刹大军把他围着。 （6.45.27）

响起了大鼓的声音，
好像是云层里的雷鸣；
也听到海螺的吹奏声，
总司令正在出征。 （6.45.28）

罗刹们走在前面，
发出了可怕的吼声；
他们个子大，长得可怕，
他们是钵罗诃私陀的随从。 （6.45.29）

他被大军围拥着，
走出了城的东门；
可怕的大军浩浩荡荡，
样子像是一个象群。 （6.45.30）

大军像海洋中的怒涛,
把他团团围住;
钵罗诃私陀迅速走出,
像死神那样忿怒。　　　　　　　　　(6.45.31)

由于他那进军的声音,
还有罗刹们的吼声,
楞伽城内所有的生物,
齐声鼓噪又怪鸣。　　　　　　　　　(6.45.32)

那些吃肉喝血的猛禽,
展翅飞入无云的天空;
它们对准了这辆车子,
在右边划着圈子飞行。　　　　　　　(6.45.33)

可怕的豺狗在嗥叫,
口吐着火光一条一条。　　　　　　　(6.45.34)

彗星从天空里落下,
剧烈的暴风吹起来;
星星互相扭在一起,
一点也露不出光彩。　　　　　　　　(6.45.35)

云彩里落下了血雨,
把前卫的兵卒浇灌;
大鹫落在旗杆顶上,

把脸转向南面。 (6.45.36)

那御者投入战斗,
那骑在马上的御者,
那条刺棒从他手里,
频频地往下滑落。 (6.45.37)

他这番难得的进军,
原来是光辉充满;
一转眼就黯然无光,
马在平地上也跌翻。 (6.45.38)

钵罗诃私陀冲出来,
他以残酷有力著名;
猴军拿着各种兵器,
对准他向前猛冲。 (6.45.39)

于是在那一群猴子里面,
爆发出一阵混乱的闹声;
他们劈开了许多大树,
他们把很重的石头拿在手中。 (6.45.40)

两支斗志昂扬的部队,
一边是罗刹,一边是猴;
都想把对方杀死,
他们迅猛,棋逢对手;

他们相互吼叫挑战，
到处可闻巨大的叫吼。 （6.45.41）

于是钵罗诃私陀，
在猴军阵前站立；
这个糊涂家伙，
偏想夺取胜利。
他走入了猴军，
猴军愈来愈猛；
就像一只飞蛾，
纵身扑入火中。 （6.45.42）

《罗摩衍那（六上）·战斗篇（上）》第四十五章终

# 第四十六章

钵罗诃私陀走了出来,
他样子可怕力量可怖;
他个子极大,嗥叫着,
被一群罗刹团团围住。　　　　　　　　(6.46.1)

猴子大军看到了他,
军中全是凶猛强壮的猴子;
他们心里怒火中烧,
把钵罗诃私陀咒骂不止。　　　　　　　(6.46.2)

剑、短枪、标枪[131]和箭,
还有插杵,也有杵,
钉头锤、门闩和牌枪,
还有各种各样的斧。　　　　　　　　　(6.46.3)

还有各种各样的弓,
求胜的罗刹拿在手中;
这些兵器照亮了猴军,

罗刹们猛烈向前冲。 (6.46.4)

那些猴子头领抓起了
许多又宽又长的石头,
还有很多开花的大树,
这些猴子头领渴望战斗。 (6.46.5)

他们互相撞在一起,
爆发了一场大战;
有的投出了石头雨,
有的射出了如雨的箭。 (6.46.6)

很多罗刹在战斗中,
把很多猴子头领杀;
很多猴子杀死了
很多很多的罗刹。 (6.46.7)

有的是被石头砸死,
有的是被轮子,
有的是被门闩打中,
有的是被斧子。 (6.46.8)

有的不能喘气了,
被打倒躺在地上;
有的心被打碎,
被成串的箭射伤。 (6.46.9)

有的被剑劈成两半儿,
躺在地上浑身颤抖;
猴子们被罗刹用叉
在肋骨上戳了一个口。　　　　　　　　　(6.46.10)

那些怒气冲冲的猴子,
被潮水般的罗刹四面包围;
他们用山峰般的大树,
把他们在地上砸碎。　　　　　　　　　(6.46.11)

他们被手掌和拳头打伤,
这手掌像霹雳一般;
他们嘴里吐出了鲜血,
牙齿和眼睛都被打烂。　　　　　　　　　(6.46.12)

猴子和罗刹在搏斗中,
都发出了凄惨的叫声;
有的也发出狮子吼,
这声音闹闹轰轰。　　　　　　　　　　(6.46.13)

那些猴子们和罗刹们,
怒气冲冲走向死亡;
他们那残酷的眼珠直转悠,
他们干事好像无所恐惧一样。　　　　　(6.46.14)

那兰陀伽[132]和鸠槃诃奴[133],

摩诃那陀[134]和商牟那陀[135],
都是钵罗诃私陀的伙伴,
他们杀死了猴子很多。 (6.46.15)

他们飞快地冲上前来,
他们把猴子来杀;
拿起一块山岳般的大石头,
陀毗毗陀杀死那兰陀伽。 (6.46.16)

那个猴子杜哩牟伽,
又拔起了一棵大树,
把罗刹商牟那陀打倒,
他的手非常敏捷迅速。 (6.46.17)

阇婆梵也发了火,
他抓起一块大石头,
这忿怒的猴子投了出去,
对准摩诃那陀的胸口。 (6.46.18)

罗刹达罗走近了
威猛鸠槃荼奴的身旁;
用一棵树打中他的头,
这罗刹立刻命丧死亡。 (6.46.19)

钵罗诃私陀忍耐不住,
他登上了自己的车子;

他手里拿着一张弓,
残酷地把猴子射死。　　　　　　(6.46.20)


从这两支大军中间,
发出了一阵阵的喧声;
好像是咆哮的大海,
又像是一阵旋风。　　　　　　　(6.46.21)


钵罗诃私陀擅长战术,
射出的箭像怒涛一般;
他消灭了很多猴子,
在战斗中他怒发冲冠。　　　　　(6.46.22)


猴子和罗刹的尸体,
在那大地上积满;
看上去凄惨可怕,
好像是倒塌的群山。　　　　　　(6.46.23)


广阔的土地看上去
被鲜血的河流遮盖;
就好像在摩陀婆月[136]里,
波罗娑树繁花盛开。　　　　　　(6.46.24)


被杀的英雄是堤岸,
折断的兵器是大树,
潮般的鲜血是流水,

像阎罗王河那样流注。　　　　　　　　（6.46.25）

肝和脾是河的淤泥，
散碎的内脏是荇藻，
砍下来的脑袋是游鱼，
肢体就是河边绿草。　　　　　　　　　（6.46.26）

挤满了的大鹫〔137〕就是天鹅，
来到的苍鹭就是鸿，
尸体肥油就是泡沫，
阴森的嗥叫就是水声。　　　　　　　　（6.46.27）

这条河坏人难以渡过，
这条河就是这个战场；
它像是阴间的一条河，
天鹅和鸿雁挤满中央。　　　　　　　　（6.46.28）

罗刹们和猴子头领，
都渡过这条难渡的河；
好像象群的领头象，
把挤满荷花的池塘渡过。　　　　　　　（6.46.29）

钵罗诃私陀在车上站，
射出的箭像潮水一般；
尼罗很快就看到了他，
他正把猴子们来摧残。　　　　　　　　（6.46.30）

钵罗诃私陀冲了上来，
他是极端难以制服；
这个精力旺盛的大猴子，
想把他来砸，拔起一棵树。 （6.46.31）

这个罗刹头子被打中，
怒气冲冲狂吼震天；
他对准了猴子将军，
射出了箭像雨一般。 （6.46.32）

他没有法子抵挡这箭，
他闭起眼睛来忍受；
就像秋雨迅速来到，
忍受秋雨的一只公牛。 （6.46.33）

钵罗诃私陀箭雨难抵挡，
尼罗就是这样来忍受住；
他闭上了自己的眼睛，
不管这箭雨多么残酷。 （6.46.34）

尼罗终于被箭雨激怒，
他抓起一棵大娑罗树，
杀死了钵罗诃私陀一匹马，
这些像心思一般迅速。 （6.46.35）

统帅钵罗诃私陀，

手里的弓被打掉;
他抓起了可怕的杵,
从战车上往下跳。 (6.46.36)

这两个军队的统帅,
怒气冲冲,矫健异常;
身上流着血站在那里,
好像两只被撕裂的大象。 (6.46.37)

用非常锐利的大牙,
他们俩互相碰撞;
他们的行动像狮虎,
他们俩同狮虎一样。 (6.46.38)

这两个英雄都想胜利,
在战斗中决不退缩;
他们俩都渴求令誉,
就像苾力特罗和因陀罗。 (6.46.39)

钵罗诃私陀使尽全力,
投出了一个杵,
打在尼罗的额上,
使他血流如注。 (6.46.40)

他全身四肢都流满了血,
他抓起一棵很大的树;

照准钵罗诃私陀的心投去,
这只大猴子真发了怒。　　　　　　（6.46.41）

罗刹不考虑这些打击,
他抓起了一个大杵;
对准有力的猴子尼罗,
这有力的罗刹把杵投出。　　　　　（6.46.42）

这只大猴子看到了
罗刹疯狂地向前猛冲;
他行动十分迅捷,
把一块大石抓在手中。　　　　　　（6.46.43）

钵罗诃私陀好勇斗狠,
他用杵当兵器来打仗;
尼罗迅速地投出石头,
正打在他的头顶上。　　　　　　　（6.46.44）

这一块可怕的石头,
被猴子投了出来;
把钵罗诃私陀的脑袋,
打得破成了几块。　　　　　　　　（6.46.45）

罗刹丢掉了性命和荣华,
他丢掉了本质和感官;
他一下子躺倒在地上,

像断了根的大树一般。　　　　　　　　　　（6.46.46）

他的头被打碎了，
鲜血从里面往外流；
血从他身体内流出来，
像小溪流出山沟。　　　　　　　　　　　　（6.46.47）

钵罗诃私陀被尼罗杀死，
罗刹们都失掉威风；
那一支不可动摇的大军，
迅速逃回楞伽城。　　　　　　　　　　　　（6.46.48）

统帅既然被杀亡故，
罗刹们都挺立不住；
好像是堤防已溃，
那水就往外流注。　　　　　　　　　　　　（6.46.49）

统帅既然被杀死，
罗刹们就都泄了气；
他们走回了帝都，
个个都沉默不语。　　　　　　　　　　　　（6.46.50）

有大力的尼罗，
就这样得了胜；
他受到了赞扬，
由于自己的战功。

他见到了罗摩,
还有罗什曼那;
这个猴子头领,
快乐得怒放心花。 （6.46.51）

《罗摩衍那（六上）·战斗篇（上）》第四十六章终

# 第四十七章

罗刹的统帅,
被猴子的头领,
就这样杀掉,
在激烈战斗中。
罗刹国王的军队,
拿着可怕的武器;
迅猛像大海一样,
现在四下里逃避。 （6.47.1）

罗刹们走进去
禀报罗刹国主子,
说火神的儿郎,
已把将军杀死。
听完他们说的
这样一个消息,
这罗刹国国王
气得暴跳不已。 （6.47.2）

听到钵罗诃私陀，
在战斗中阵亡，
他心里又是担忧，
又是气得发慌；
他对那些罗刹，
就把话来说，
就像那对神兵
说话的因陀罗： （6.47.3）

"我的这一位将军，
曾把因陀罗大军消灭；
现在连同随从和大象被摧毁，
我们不能把敌人轻蔑。 （6.47.4）

我现在要亲自出马，
在阵前斗上几个回合；
消灭敌人，寻求胜利，
我不能把机会错过。 （6.47.5）

罗摩和罗什曼那，
还有那一支猴子大军；
就像烈火把森林焚烧，
我今天用箭潮焚毁他们。" （6.47.6）

说完了这一番话，
这个天老爷的仇敌，

登上了一辆战车，
这车子光辉神奇。
成群的骏马，
套在车子前面；
由于他的威德，
这车子光辉闪闪。　　　　　　　　　　（6.47.7）

螺声和大鼓声，
还有铜鼓声，
又响起了阵阵
狮子的吼声；
还有赞歌声，
一齐把他颂；
这罗刹国王，
今天要出征。　　　　　　　　　　　　（6.47.8）

成群的罗刹头子，
围护着罗刹国王；
他就像众神之主
噜捺罗一样。
罗刹样子像山岳，
又好像是太阳；
他们都吃肉喝血，
眼睛里闪着火光。　　　　　　　　　　（6.47.9）

大力的罗刹王，

走出了那城门；
一下子看到了
那支猴子大军。
猴子们闹闹轰轰，
像是大海涛声；
大树和石头，
高高举在手中。　　　　　　　　　　　（6.47.10）

那罗刹大军，
非常威武雄壮；
罗摩抬眼看到它，
他的胳臂像龙王。
他跟随着军队，
他的光辉无量；
他对维毗沙那，
这优秀战士把话讲：　　　　　　　　（6.47.11）

"带着各种兵器，
带着各种旗帜，
牌枪、刀、插杵，
还带着轮子；
带着很多大象，
个个像山王一般；
这是谁的军队，
这样无畏不可摇撼？"　　　　　　　　（6.47.12）

听完了罗摩的话,
维毗沙那把话讲;
他的勇气与精力,
同天帝释一样;
他向罗摩解释,
这一支优秀部队,
都是高贵的罗刹,
在罗刹中是首魁: (6.47.13)

"那个高贵尊严的,
肩膀像是大象;
他的面色发红,
宛如初升的太阳;
他压弯大象的头,
他正往外出发;
国王!你要知道,
他就是阿甘波那[138]。 (6.47.14)

那个坐在车上的,
旗子上画着兽王;
他掀动着大弓,
像帝释的弓一样;
他像一只大象,
大牙又弯又长;
他名叫因陀罗者,
是罗刹的首长。 (6.47.15)

那个乘车持弓的,
非常威猛勇敢;
他像大山宾阇耶,
又像陀窣陀、摩亨陀罗山;
他掀动着大弓,
那弓无与伦比;
他名叫阿底伽耶[139],
个子高得离奇。 (6.47.16)


那个高贵尊严的,
眼睛红得像朝阳;
他骑着一只大象,
铃铛声声震响;
他骑在象背上,
他残酷地吼叫着;
这一个英雄,
名叫摩护陀罗。 (6.47.17)


那一个骑在马上,
马驮着黄金鞍;
他红得好像是
夕照中的云山;
手里拿着牌枪,
耀眼光辉闪闪;
他就是毕舍遮,
飞行像闪电一般。 (6.47.18)

那一个手里拿着
锋利的插杵;
闪着耀眼光辉,
迅捷像紧加罗金刚杵;
他个子高得像山,
他在公牛背上骑坐;
他走了出来,
名叫底哩尸罗娑。　　　　　　　　　(6.47.19)

那一个的样子,
好像是太阳;
名字叫作鸠槃,
有宽阔的胸膛;
他小心谨慎,
旗子上画着蛇王;
他又是摇晃又是弯
那手中的弓一张。　　　　　　　　　(6.47.20)

那一个手里拿着,
带着烟的门闩;
上面装饰着黄金钻石,
一片光辉闪闪;
他走了出来,
他是罗刹的旗帜;
他名叫尼空波,
专干惊奇的事。　　　　　　　　　　(6.47.21)

那一个坐在车上,
车上有弓、刀、箭;
上面插着旗子,
闪烁像火一般。
他登上那辆车子,
看上去激动兴酣;
他名叫那兰陀伽[140],
用山峰来作战。 （6.47.22）

在那一个的身旁,
罗刹是各种各样;
面孔像老虎、骆驼,
又像象王和兽王;
眼睛歪歪斜斜,
样子丑怪可怕;
他甚至能够
把天神的傲气煞。 （6.47.23）

一柄遮阳伞,
白得像月光;
颜色白又净,
伞骨细又长;
他是高贵的
罗刹国国王;
群魔围着他,
像噜捺罗一样。 （6.47.24）

他戴着王冠,
他戴着耳环;
他像是山王
宾阇耶大山;
他战胜因陀罗,
他制服了阎摩;
这个罗刹头子,
太阳一般闪烁。"　　　　　　　　　　　(6.47.25)

对灭敌的维毗沙那,
罗摩又把话来说:
"哎呀!罗刹主子罗波那,
真正威武光辉闪烁。　　　　　　　　　(6.47.26)

像太阳一样不可逼视,
罗波那闪耀着光辉;
他那洋溢着光辉的形象,
我清清楚楚看在眼内。　　　　　　　　(6.47.27)

连神仙和檀那婆的英雄们,
都不可能有这样的形象;
罗刹王的这一副仪表,
他们都没有法子比得上。　　　　　　　(6.47.28)

那些有大力量的战士,
个个都像是大山;

个个都用山峰当兵器,
所有他的战士都光辉闪闪。 (6.47.29)

这个罗刹主子闪着光,
成群罗刹把他围在中间;
罗刹都力量猛,个子大,
活像那死神下到凡间。" (6.47.30)

威武的罗摩说完了话,
手执大弓在那里站;
他抽出了至高无上的箭,
罗什曼那跟在身后边。 (6.47.31)

那高贵尊严的
罗刹群的主子,
又对大力罗刹
把话来说知:
"在那城门旁边,
在那些园子里,
你们都要保卫,
心里不要恐惧。" (6.47.32)

他遣散了罗刹,
遵照他的指示,
罗刹一下子散开,
回到自己的位子。

他立刻冲进了
怒涛般的猴群;
好像一条大鱼
向大海狂涛中前进。 （6.47.33）

那个群猴之王
忽然间看见,
罗刹头子拿着弓
冲到自己眼前,
他拔起一座山,
连忙起来应战,
对准罗刹头子,
奋勇冲向他身边。 （6.47.34）

他抓起一座山,
山上有很多树,
对准了罗刹头子,
把那座山投出;
罗刹忽然看到
飞到头上的大山;
拔出金尾箭,
把大山射穿。 （6.47.35）

那一座山峰,
树木在上面生长;
被利箭射穿了

一下子落在地上。
罗刹世界的主子,
射出了一支箭;
这箭像大毒蛇,
又像死神一般。　　　　　　　　　（6.47.36)

他抓出了一支箭,
这支箭快速如风;
上面闪着火花,
又像火焰一般红;
这箭飞驶向前,
像天帝的金刚杵;
想杀死须羯哩婆,
他心里发怒。　　　　　　　　　（6.47.37)

罗波那的双臂,
射出了这支箭;
美妙就像金刚杵,
头上锋利光闪闪;
射中了须羯哩婆,
飞速把他射穿;
好像战神把箭射,
射碎羯兰竭大山[141]。　　　　　　（6.47.38)

这英雄中了箭,
陷入了昏迷中;

突然倒在地下,
嘴里呻吟不停。
看到他昏迷,
又在地上倒;
那一群恶魔,
兴奋大声噪。　　　　　　　　　　　　（6.47.39）

迦婆刹、迦婆耶、
苏檀湿特罗[142]、
还有哩舍婆、
殊底年伽、那罗,
身躯突然长高,
把石头抓在手中,
对准罗刹头子,
猛力向前直冲。　　　　　　　　　　　（6.47.40）

这个罗刹头子,
射出了一连串的箭,
使他们的打击
一个都没能实现。
连那些猴王,
也被箭射伤;
箭尾装饰着纯金,
看上去彩色辉煌。　　　　　　　　　　（6.47.41）

那一些猴王,

形象非常可怕；
他们中箭倒地，
这箭连天神也杀；
那支猴子大军，
英勇真真雄壮；
魔王把它遮蔽，
用射出去的箭网。　　　　　　（6.47.42）

为首的英雄，
都被杀倒地；
无不大声嗥叫，
他们惊恐不已。
这一群猴子，
被罗波那射伤；
他们跑向罗摩，
请求他来帮忙。　　　　　　　（6.47.43）

高贵尊严的罗摩，
这优秀的弓箭手；
手里拿着弓，
一下子站起来走。
罗什曼那走上来，
他双手合十；
对罗摩说话，
把最高敬意致：　　　　　　　（6.47.44）

"您确确实实能够
把那个坏蛋杀死;
主子!您下命令吧!
让我把他去收拾。" （6.47.45）

罗摩真正勇敢又光辉,
他对罗什曼那把话说:
"罗什曼那!你去吧!
你要尽心竭力去肉搏。 （6.47.46）

罗波那真正威风凛凛,
在战斗中威力惊人;
他发怒三个世界挡不住,
这一点是毫无疑问。 （6.47.47）

要搜求他的弱点,
把自己的弱点掩蔽;
你要小心又注意,
用眼睛和弓保卫自己。" （6.47.48）

听完了罗摩说的话,
他向罗摩敬礼又拥抱他;
罗什曼那向罗摩告别,
然后向着战场出发。 （6.47.49）

那一个罗波那,

可怕的弓光辉闪闪；
他射出了箭雨，
把猴子们遮掩。
猴子们的身躯，
一个个都被射穿；
哈奴曼双臂像象鼻，
他把这魔王看。　　　　　　　　（6.47.50）

有大光辉的哈奴曼，
风神的儿子看到了他；
他挡住了恶魔的箭雨，
勇猛地冲向罗波那。　　　　　　（6.47.51）

他冲到了他的车前，
他举起了自己的右臂；
开口对他说了话，
聪明的哈奴曼对他威逼：　　　　（6.47.52）

"天神、檀那婆和乾闼婆，
夜叉再加上那些罗刹，
被你折服，梵天赐你不死，
对猴子们你却应当害怕。　　　　（6.47.53）

我现在举起右臂，
顶上有五个手指头，
我要从你的身上，

把你那条狗命取走。" （6.47.54）

听完了哈奴曼的话，
威猛可怕的罗波那，
气得两眼都发了红，
怒气冲冲用话回答： （6.47.55）

"赶快放心大胆地打吧！
愿你得到牢固的名誉；
你的勇敢是著名的，
猴子！我要消灭你。" （6.47.56）

听完了罗波那把话说，
风神的儿子又说了话：
"你回想一下吧！我从前
曾经杀死你的儿子阿刹。" （6.47.57）

罗刹主子罗波那，
大力恶魔听了这话，
对准哈奴曼的胸口，
猛烈地打了一下。 （6.47.58）

哈奴曼受了这一击，
频频地摇摇晃晃；
他不禁勃然大怒，
回敬了魔王一掌。 （6.47.59）

这高贵的魔王受到了
这猴子的一巴掌；
十头恶魔摇晃起来，
好像地震时大山一样。　　　　　　　（6.47.60）

看到那魔王罗波那，
在搏斗中被巴掌打得苦；
仙人、猴子和悉陀，
还有神仙、阿修罗都欢呼。　　　　　（6.47.61）

有大精力的罗波那，
精力稍稍恢复把话说：
"你是好样的！猴子！
你配得上同我斗上几个回合。"　　　　（6.47.62）

听完了罗波那的话，
风神的儿子又把话说：
"呸！还说什么我英勇！
罗波那！你竟然还活着。　　　　　　（6.47.63）

傻瓜！你吹什么牛皮！
现在你再打我一掌；
我的这一个拳头，
就要送你见阎王。"
风神儿子这一番话，
气得魔王怒火万丈。　　　　　　　　（6.47.64）

他气得眼睛发了红，
拼命把右手举起；
对准了猴子的胸口，
英勇魔王猛力一击；
哈奴曼胸口上挨了打，
他又晃荡起来不停息。　　　　　　　　　　（6.47.65）

看到那有大力量的
哈奴曼吃苦力弱；
这魔王又用战车
猛力地冲向尼罗。　　　　　　　　　　　　（6.47.66）

他对准这猴军将领，
射出了许多利箭；
这些箭可怕像毒蛇，
能把敌人的皮肤射穿。　　　　　　　　　　（6.47.67）

这个猴军将领尼罗，
魔王的箭射在身上；
他做一只手抓起石头，
瞄准了投向罗刹王。　　　　　　　　　　　（6.47.68）

高贵尊严的哈奴曼，
这英勇的猴子恢复过来；
他求战心切抬眼四望，
满怀怒气把话说开：　　　　　　　　　　　（6.47.69）

那个罗刹头子罗波那,
正在同尼罗交锋;
现在就向他冲击,
这是不应做的事情。　　　　　　　　(6.47.70)

有大威力的罗波那,
射出了七支利箭;
把那座山峰射碎,
它倒塌在尘埃间。　　　　　　　　　(6.47.71)

这一个猴子将领,
看到山峰被射穿,
这杀敌英雄发了火,
好像劫末的烈焰。　　　　　　　　　(6.47.72)

猴子尼罗在搏斗中,
投出了开花的马耳树、
陀婆、娑罗和芒果树,
还有其他许多大树。　　　　　　　　(6.47.73)

罗波那用箭射碎了
所有的这一些大树;
他又对火神之子尼罗,
把阵阵箭雨射出。　　　　　　　　　(6.47.74)

箭雨淋到了他身上,

好像大山遮满云彩；
他一下子把身躯变小，
落到旗子顶上来。 (6.47.75)

看到那火神的儿子，
站在那旗子顶上；
尼罗在那里狂吼，
罗波那怒火万丈。 (6.47.76)

在旗子顶上、弓顶上，
猴子又跳上宝冠顶；
罗什曼那和哈奴曼，
还有罗摩看到都吃惊。 (6.47.77)

猴子忽然间变小了，
连罗波那也很吃惊；
他投出了一件法宝，
像火一般神奇闪红。 (6.47.78)

猴子头领乐得汗毛直竖，
他们高兴得大声叫嚷；
看到罗波那在战场上，
被变小了的尼罗弄得紧张。 (6.47.79)

猴子们的吼叫声，
又把罗波那搞得很窘；

简直不知道怎么办,
他心里慌张又吃惊。　　　　　　　　（6.47.80）

利箭上配着火,
罗波那拿在手中;
这魔王瞅着尼罗,
他还坐在旗杆顶。　　　　　　　　　（6.47.81）

有大威力的罗波那,
罗刹主子把话说道:
"猴子!你施展幻术,
把自己的身躯变小。　　　　　　　　（6.47.82）

猴子!如果你有本领,
就请你保卫自己性命;
你翻来覆去地改变
你自己本来的原形。　　　　　　　　（6.47.83）

我现在嘴里把咒语念,
对你射出一支箭,
你正保卫着自己的性命,
它将使你命丧黄泉。"　　　　　　　　（6.47.84）

粗胳臂的罗刹头子,
罗波那这样开了腔;
他用劲弓把箭射出,

射到猴军将领身上。 (6.47.85)

那一支念咒射出的箭,
射到尼罗胸口上;
他突然被烈火所烧,
一下子倒在地上。 (6.47.86)

由于父亲的威德,
由于个人的力量,
他两膝跪倒在地,
却是没有把命丧。 (6.47.87)

看到猴子昏迷过去,
好勇斗狠的十头魔王,
对准罗什曼那冲过去,
乘坐战车,声如雷响。 (6.47.88)

坚强的罗什曼那,
对他说了话;
那张无法估量的弓,
他正在使劲地拉:
"夜游者的头子!
跟我斗上几个回合;
同那个猴子交手,
那算不了什么。" (6.47.89)

这话铿锵有力,
魔王听在耳中;
他又听到了
那刺耳的弦声;
于是罗什曼那,
站在那里发火;
罗刹走近了他,
对他把话来说: (6.47.90)

"罗什曼那呀!
真正谢天谢地!
你这傻瓜被我看到,
你就要死在这里;
就在这一刹那,
你要去见阎王;
我射出去的箭网,
就要使你把命丧。" (6.47.91)

罗什曼那镇定自若,
又对罗刹说了话,
罗刹正在吹牛皮,
露出了满嘴的白牙:
"魔王呀!英雄们
从来不把牛皮吹;
你这个坏蛋魁首,
却是自吹自擂。 (6.47.92)

"罗刹头子呀!
我知道你的本领,
还有你的勇气、
你的力量和威风。
我现在站在这里,
手执弓和箭;
你就走上来吧!
何必废话连篇?"                    (6.47.93)

一听这话发了火,
这一个罗刹头子,
对准他射出了七支箭,
箭尾有美丽装饰。
这个罗什曼那,
用自己的利箭,
箭尾上镶着黄金,
把七支箭射翻。                    (6.47.94)

看到那七支箭,
忽然都被射翻,
就好像一个蛇王,
蛇冠被斩断;
这个楞伽国王,
陡然怒火万丈;
七支锐利的箭,
他又连连射放。                    (6.47.95)

罗摩的弟弟，
又从自己弓上，
射出了一阵箭，
好像下雨一样；
他自己毫不动摇，
他用利刃箭和半月箭，
他用倒钩箭和斧刃箭，
他射碎了罗刹的箭。　　　　　　（6.47.96）

罗什曼那飞快地
射出了尖头的箭；
这些箭就好像是
因陀罗的霹雳一般；
他把箭上在弓上，
这些箭都闪着光芒；
他把箭射了出去，
想消灭那个魔王。　　　　　　（6.47.97）

那个罗刹国王，
把这些箭消灭光；
打碎了箭以后，
又想把罗什曼那伤；
他祭起那件法宝，
是大梵天所钦赏，
活像是劫末烈火，
打在罗什曼那额上。　　　　　　（6.47.98）

这个罗什曼那，
被魔王法宝打中；
身子摇摇晃晃，
手里拿不住弓；
他费了很大的劲，
才又恢复了知觉；
他把三十三天死敌
那一张弓射破。　　　　　　　　　　（6.47.99）

十车王的儿子，
射出了三支箭；
尖头都很锐利，
把魔王的弓射穿；
魔王受到箭伤，
身子摇摇晃晃；
他费了很大的劲，
知觉才恢复正常。　　　　　　　　　（6.47.100）

他的弓被射坏，
自己受了箭伤；
四肢都出了汗，
鲜血流满身上。
这个天神的仇敌，
他的本领高强；
短枪大梵天所赐，
他现在抓起短枪。　　　　　　　　　（6.47.101）

这个罗刹国王,
投出那支短枪;
对准罗什曼那,
短枪闪闪发光。
它样子就好像
没有烟的火焰一样;
它能让猴子大军
个个胆战心慌。　　　　　　　（6.47.102）

婆罗多的弟弟,
把短枪打落;
他射出了许多箭,
同祭火差不多。
打中了罗什曼那,
那一支短枪;
他的胸膛宽阔,
短枪打在胸膛上。　　　　　　（6.47.103）

大梵天恩赐的短枪,
打在罗什曼那胸口上;
自己本是毗湿奴的一块,
现在他把这件事回想。　　　　（6.47.104）

这一个罗什曼那,
挫伤过檀那婆的傲气;
天神的仇敌把他打伤,

却用双臂抱他不起。　　　　　　　　　　（6.47.105）

雪山、曼多罗山和须弥山，
三个世界，连同那些神仙，
他都能够用双臂抱起来，
战场上却把罗什曼那抱不动弹。　　　　（6.47.106）

罗什曼那是毗湿奴的一部分，
他现在托生成了人形；
他虽然失去了知觉，
罗波那看到他心里吃惊。　　　　　　　（6.47.107）

风神的儿子发了火，
对着罗波那冲了过去，
怒气冲冲对准他的胸口，
把金刚杵般的拳头挥起。　　　　　　　（6.47.108）

罗刹主子罗波那，
被他这拳头打中；
他双膝跪倒在地，
身子不停地抖动。　　　　　　　　　　（6.47.109）

看到罗波那昏迷过去，
他在战场上威猛英武；
仙人、猴子和天神，
连同因陀罗都欢呼。　　　　　　　　　（6.47.110）

罗什曼那为罗波那所困，
精力卓绝的哈奴曼，
用两只胳臂把他抱走，
来到了罗摩的身边。　　　　　　（6.47.111）

由于风神儿子的友情，
由于他心里那无量赤诚，
仇敌们抱他抱不动，
对这猴子他却变轻。　　　　　　（6.47.112）

罗什曼那无敌于战场，
离开了他，那支短枪；
它又回到罗波那车上，
走回它原来呆的地方。　　　　　　（6.47.113）

有大威力的罗波那，
又恢复了自己的知觉；
他抓起了一张大弓，
又把许多利箭来放射。　　　　　　（6.47.114）

杀敌的罗什曼那，
也慢慢恢复过来；
他回忆起自己本是
大神毗湿奴的一块。　　　　　　（6.47.115）

在这支猴子大军中，

许多英雄都已阵亡;
罗摩看到了这情况,
猛力对准罗波那冲上。　　　　　　　（6.47.116）

哈奴曼走近他身边,
开口对他把话来说:
"请你坐在我的肩上,
去制服那一个恶魔。"　　　　　　　（6.47.117）

风神的儿子这样说完,
罗摩听完了他的话;
这个英雄立刻就
往哈奴曼身上爬;
这个凡人的主子,
瞅着战车上的罗波那。　　　　　　　（6.47.118）

光辉的罗摩看到他,
猛力地向他冲了过去;
好像是大神毗湿奴,
手执兵器冲向婆离[143]。　　　　　　（6.47.119）

他使劲拉那张弓,
弦声就像霹雳一样;
罗摩用深沉的声音,
对罗刹头子把话讲:　　　　　　　　（6.47.120）

"你且站住！你且站住！
你对我干过那样的坏事；
你想逃到什么地方去呀！
你这虎般的罗刹头子！　　　　　　（6.47.121）

即使你找因陀罗，
找太阳和阎摩，
找大梵天和火神，
找大神噜捺罗；
即使你走向
那四面八方；
今天你也不能
逃出我的手掌。　　　　　　　　　（6.47.122）

那个被你用短枪
打倒过的人[144]，
他表示厌恶，
今天突然来临；
罗刹群的头子！
他就是你的死神；
连你老婆孩子，
在战斗中都杀尽。"[145]　　　　　　（6.47.123）

听完了罗摩说的话，
罗刹王射出了利箭；
对准了那个大猴子，

箭像是劫末的烈焰。　　　　　　　　　（6.47.124）

那罗刹在战场上，
用利箭把他射伤；
他天生具备威力，
他的威力还在增长。　　　　　　　　　（6.47.125）

于是光辉的罗摩，
看到那虎般的猴子，
被魔王罗波那射伤，
直气得忿怒不止。　　　　　　　　　　（6.47.126）

罗摩走近了他，
射出了许多箭；
箭尾非常美丽，
把他的车子射翻；
连同马、幢和宝盖，
连同车夫和大旛，
还有霹雳插杵，
加上那些宝剑。　　　　　　　　　　　（6.47.127）

他猛烈地打那个
因陀罗的仇敌；
利箭像金刚杵，
他用这箭射击；
罗刹胸膛宽又厚，

箭射在上面；
就像因陀罗，
杵击须弥山。 （6.47.128）

这一个魔王，
中了金刚杵，
既不会动摇，
也不会站不住；
中了罗摩的箭，
他却受不了；
他浑身摇晃，
连弓都丢掉。 （6.47.129）

他浑身发抖，
罗摩看在眼中；
罗摩又射出了，
一支箭半月形；
尊严的罗刹王，
他那顶宝冠，
辉耀像太阳，
罗摩把它射穿。 （6.47.130）

他像一条蛇，
已失去毒液；
他像那太阳，
已不再闪烁；

荣光已经失去,
宝冠已经打破;
对这罗刹主子,
罗摩又把话说: (6.47.131)

"你已经做出了
很可怕的事情;
我有许多英雄,
在你手下丧生;
'你已经疲倦了,'
我是这样想;
我现在先不用箭
送你去见阎王。" (6.47.132)

这一个魔王,
听了罗摩这样说;
他的骄气全消失,
弓也已经被打破,
马和车夫被杀,
自己被箭射中;
宝冠已破碎,
逃回楞伽城。 (6.47.133)

那个罗刹头子,
走进城内去躲;
檀那婆和神仙死敌,

那个大力的恶魔;
罗摩在战场上,
让那些猴子们,
还有罗什曼那,
都愉快安了心。 （6.47.134）

天神的仇敌,
这样受折磨;
后方的众生,
神仙阿修罗,
连同海中生物,
仙人龙王一伙,
水生和陆生,
一齐都快乐。 （6.47.135）

《罗摩衍那（六上）·战斗篇（上）》第四十七章终

# 第四十八章

魔王走进了楞伽城,
罗摩的箭让他心惊;
他的傲气烟消云散,
五官四肢不得安宁。　　　　　　　　（6.48.1）

好像狮子制服大象,
好像金翅鸟制服蛇,
那高贵尊严的罗摩,
完全制服了这恶魔。　　　　　　　　（6.48.2）

罗摩射出的那些箭,
样子像是法宝梵杖;
像霹雳一样闪着光,
魔王一想起心里就发慌。　　　　　　（6.48.3）

他坐在无上的宝座上,
镶着黄金,天堂一样;
环顾身旁的罗刹们,

罗波那开口把话讲： (6.48.4)

"所有我那些最高苦行
现在一下子都落了空；
我能够同因陀罗为敌，
现在却败在凡人手中。 (6.48.5)

大梵天曾对我说过
一些十分残酷的话：
'你对凡人要当心，
对别的什么都不用怕。' (6.48.6)

神仙、檀那婆、乾闼婆，
夜叉、罗刹，还有龙王，
都不能够把我杀死，
我没请求不让凡人杀伤。 (6.48.7)

现在请你们走上前来，
你们大家要一齐努力去干；
罗刹们！要站在巡逻小道上，
你们要站在城门的上面。 (6.48.8)

无比神秘的鸠槃羯叻拿，
能把天神檀那婆的傲气消净；
他受到了大梵天的诅咒，
请你们去把他唤醒。 (6.48.9)

知道我自己已被压倒,
钵罗诃私陀又已被杀不在;
这一个有大力的罗刹,
就把可怕的罗刹军来统率。 (6.48.10)

你们要在城门那里努力,
你们要把城墙来攀登;
鸠槃羯叻拿正在酣睡,
你们要去把他唤醒。 (6.48.11)

这个罗刹已经沉睡了
六、七、八、九个月;
你们现在要赶快去,
唤醒鸠槃羯叻拿那个魔, (6.48.12)

这个粗胳臂的罗刹,
在战斗中他数第一;
猴子们和两个王子,
都将迅速消灭在他手里。 (6.48.13)

鸠槃羯叻拿昏睡着,
他享受着家庭幸福;
我在残酷的斗争中,
被那个罗摩折服;
赶快把鸠槃羯叻拿叫醒,
我的忧愁就会驱除。 (6.48.14)

他的力量像天帝释,
但是他对我有什么用,
如果我现在遭到灾难,
而他却在那里躺着不动?"           (6.48.15)


听了罗刹主子的话,
他们这一群罗刹,
都是激动又兴奋,
来到鸠槃羯叻拿的家。              (6.48.16)


他们奉了罗波那的命令,
这些吃肉喝血的罗刹,
拿着香、花环和食品,
迅速地来到了他的家。              (6.48.17)


来到鸠槃羯叻拿藏身处,
大门很大,长一由旬;
飘拂着各种的香气,
它真是非常美丽动人。              (6.48.18)


这些有大力量的罗刹,
被鸠槃羯叻拿的呼吸所吹,
好不容易才站住了脚,
他们费很大劲才走进屋内。          (6.48.19)


走进了那可爱的屋宇,

地上是黄金铺地；
他们看到虎般的罗刹，
躺在那里丑得出奇。 （6.48.20）

他睡在那里变了形，
像是一座破碎的山；
鸠槃羯叻拿在酣睡，
他们小心翼翼把他唤。 （6.48.21）

身上的汗毛都直竖着，
好像一条喘气的蛇；
他的气息摇撼着他们，
他躺在那里，形容丑恶。 （6.48.22）

他的嘴大得像地狱，
他的鼻孔非常可怕，
他们看到魔虎般的罗刹，
有大力的鸠槃羯叻拿。 （6.48.23）

这些高贵的罗刹们，
在鸠槃羯叻拿头旁，
放下了最好的肉食，
堆积得像须弥山一样。 （6.48.24）

有鹿肉和水牛肉，
有成堆的野猪肉，

这一些魔中的猛虎,
成堆地放在里头。 （6.48.25）

还有成罐的鲜血,
各种各样的美酒；
这些三十三天的仇敌,
放在鸠槃羯叻拿前头。 （6.48.26）

他们还用上好的旃檀,
涂在这杀敌恶魔的身上；
又给他戴上天宫的花环,
还给他熏上芬芳的名香。 （6.48.27）

他们放出了非常香的香,
他们把杀敌恶魔来颂扬；
成千的罗刹大声吼叫,
好像云层里雷鸣一样。 （6.48.28）

他们猛吹那些海螺,
海螺的样子就像新月；
他们心里不耐烦起来,
一齐大声吼叫不辍。 （6.48.29）

他们吼叫,他们猛蹬,
这些罗刹们又摔又砸；
为了叫醒鸠槃羯叻拿,

他们发出了剧烈的喧哗。 （6.48.30）

海螺和大鼓、
铜鼓的声音，
狮子的吼叫，
闹得乱纷纷；
成群的飞鸟，
飞自最高天，
听到这声音，
都掉下尘寰。 （6.48.31）

声音闹喧哗，
鸠槃羯叻拿
却睡酣不醒，
这高贵罗刹。
这一罗刹群，
抓起牟松底[146]，
也抓钉头锤，
把一些杵抓起。 （6.48.32）

他们用山峰，
用杵和锤头，
用大树和手掌，
用锤和拳头，
鸠槃羯叻拿
酣睡在地下，

那一些罗刹,
狠狠地打他。　　　　　　　　　　　（6.48.33）

那个罗刹鸠槃羯叻拿,
睡在那里呼气成风,
罗刹们虽然有力量,
却受不住风的吹动。　　　　　　　　（6.48.34）

那一些威力可怕的罗刹,
在鸠槃羯叻拿的面前,
一共有十乘一千个,
他们一齐闹声喧天;
他们用杖鼓、打镲和大鼓,
也用海螺和瓶瓶罐罐。　　　　　　　（6.48.35）

他身上黑得像眼药,
他们想把他来唤醒;
他们又敲打又叫唤,
但他却昏睡一动不动。　　　　　　　（6.48.36）

当他们实在没法
把他从沉睡中唤醒,
他们只好再进一步
拿出更大的干劲。　　　　　　　　　（6.48.37）

他们用棍子、鞭子和钩子,

驱打马、骆驼、驴和大象；
他们用尽了全身之力，
把大鼓、海螺和杖鼓弄响。　　　　　　（6.48.38）

他们用大木块和草席，
抽打他所有的肢体；
他们用钟，他们用杵，
使尽全力让他醒起。　　　　　　　　　（6.48.39）

这些巨大的闹声，
响彻整个楞伽城，
连同山岳和园林，
然而他只是不醒。　　　　　　　　　　（6.48.40）

于是又有成千的大鼓，
同时都竭力猛敲，
不停地从四面敲打，
鼓槌子都是纯金铸造。　　　　　　　　（6.48.41）

他睡得是这样沉熟，
无论如何也叫他不醒；
他完全被诅咒制服，
罗刹们都怒气填膺。　　　　　　　　　（6.48.42）

所有的罗刹都威猛可怖，
他们感到十分忿怒；

另外一些罗刹用武力
想把他从梦境里拖出。 (6.48.43)

另外一些罗刹敲大鼓,
还有一些罗刹高声大叫;
另外一些罗刹抓头发,
还有一些罗刹把耳朵咬;
鸠槃羯叻拿却动也不动,
他沉沉熟睡什么都不知道。 (6.48.44)

另一些有力量的罗刹,
手里拿着边橼和锤子;
用边橼和锤子打击
他的头、胸膛和四肢。 (6.48.45)

罗刹们把他捆起来,
他们用绳,又用索;
他们还用舍多袛尼,
但他却仍沉沉睡着。 (6.48.46)

他们牵一千头大象,
在他身上又跑又踩;
这触碰使他感到很舒服,
鸠槃羯叻拿就醒转来。 (6.48.47)

山峰和树木,

一齐打下来；
这剧烈的打击，
他睬都不睬。
现在刚睡醒，
饥饿痛心间；
翻身猛坐起，
不停打哈欠。　　　　　　　　（6.48.48）

双臂像蛇冠，
又像大山巅；
硬得像山峰，
他把双臂伸展。
他张开大嘴，
像母马一般；
这个罗刹鬼，
反复打哈欠。　　　　　　　　（6.48.49）

他张开大嘴打哈欠，
大嘴就像阴间一般；
他看上去就好像是
朝阳升上须弥山巅。　　　　　（6.48.50）

这个非常雄壮的恶魔，
醒来以后直打哈欠；
他的呼吸吹动气流，
好像大风来自山巅。　　　　　（6.48.51）

鸠槃羯叻拿坐了起来，
他的那一副貌相，
就像夏末落雨的云彩，
里面还有成群天鹅一样。　　　　　（6.48.52）

他那两只眼看上去
就像是辉耀的火焰；
又像两颗明亮的星星，
光辉像天上的闪电。　　　　　　　（6.48.53）

他饿得真正难受，
他又喝血又吃肉；
这一个天帝释的仇敌，
喝了一罐子肥油和酒。　　　　　　（6.48.54）

"他吃饱了，"他们想，
这些罗刹走上前去；
跪在地上把头磕，
把他从四面围起。　　　　　　　　（6.48.55）

这一个罗刹的头子，
用温语安慰罗刹；
被人唤醒，他很吃惊，
他开口对他们说话：　　　　　　　（6.48.56）

"你们为什么打我？

第二十七卷 译著八

为什么把我唤醒？
难道说我们国王
遭到了什么可怕的不幸？ （6.48.57）

也许有什么别的人，
带来了极大的恐怖；
因此你们才匆忙来临，
想把我从睡梦中唤出。 （6.48.58）

我今天就要去驱逐
罗刹国王的灾难恐怖；
我将攻击大因陀罗，
我将把火焰来铲除。 （6.48.59）

你们来把我叫醒，
决不会没有重大缘故；
这缘故究竟是什么，
现在就请对我说清楚。" （6.48.60）

消灭敌人的鸠槃羯叻拿，
他这样激动地说话；
魔王的顾问瑜钵刹，
双手合十对他回答： （6.48.61）

"神仙们制造的恐怖，
我们从来就不怕；

底提耶和檀那婆,
也都是不在话下;
主子呀!现在是凡人
来到这里把我们恐吓。　　　　　　(6.48.62)

楞伽城被包围起来,
被个子像山岳的猕猴;
罗摩给我们制造恐怖,
因为他的悉多被抢走。　　　　　　(6.48.63)

从前有一个猴子,
曾把这大城焚烧,
连同随从和大象,
王子阿刹也被杀掉。　　　　　　　(6.48.64)

财神之子,天神仇敌,
罗刹主子亲自出战;
那光辉像太阳的罗摩,
'死家伙!'说完就把他放还。　　　(6.48.65)

天神、底提耶和檀那婆,
对国王所不能做的事,
现在罗摩都做到了,
他放回国王没让他死。"　　　　　(6.48.66)

听完了瑜钵刹的话,

哥哥在战场上被打败;
鸠槃羯叻拿气得眼珠子转,
他对瑜钵刹把话说开: （6.48.67）

"瑜钵刹！今天那猴军
连同那个罗什曼那,
还有罗摩都先杀掉,
然后才去见罗波那。 （6.48.68）

我要用猴子的血肉,
来让罗刹们吃个饱;
罗摩和罗什曼那的血,
我要亲自来喝掉。" （6.48.69）

他这样把话说,
话里充满骄傲;
说话带着火气,
恶果必然致招。
恶魔战士魁首,
摩护陀罗听完了;
他就双手合十,
对他把话说道: （6.48.70）

"先听一听罗波那的话,
把利和弊都衡量一下,
粗胳臂者！然后你再去

冲锋陷阵把仇敌杀。" (6.48.71)

光辉的鸠槃羯叻拿,
听了摩护陀罗的话;
雄壮的恶魔就起身,
率领着一大群罗刹。 (6.48.72)

这恶魔眼睛长得可怕,
他有可怕的形象和勇敢;
这一群罗刹催促着他,
他们走向十头魔王的宫殿。 (6.48.73)

他们来到十头魔王的跟前,
他正坐在无上宝座上;
所有的这一些罗刹,
都双手合十把话来讲: (6.48.74)

"魔王呀!你的兄弟
鸠槃羯叻拿已经唤醒;
是让他先到你这里来,
还是让他立刻就出征?" (6.48.75)

罗波那心里很高兴,
他对来到跟前的罗刹说:
"我愿意看到他来这里,
对他注意礼貌不得有错。" (6.48.76)

罗刹们说了一声:"遵命!"
又出来见鸠槃羯叻拿;
他们对他一一讲述了
罗波那所说的那些话: (6.48.77)

"一切罗刹的君王,
非常希望看到你;
现在请你考虑走去吧,
让你哥哥欢喜欢喜。" (6.48.78)

难以制服的鸠槃羯叻拿,
把哥哥的命令记在心怀;
"遵命!"这大力的罗刹说,
就从床上跳了起来[147]。 (6.48.79)

他很高兴,洗了洗脸,
又洗澡,精心来打扮,
他非常渴,叫人送来酒浆,
酒浆能使他体力强坚。 (6.48.80)

于是那一群罗刹,
得到了罗波那的命令,
把美酒和各种食品,
迅速送到他手中。 (6.48.81)

他喝了美酒一千杯,

然后才起身到王宫。　　　　　　　（6.48.82）

他醉醺醺地精神兴奋，
他的力量和威武都增多；
鸠槃羯叨拿愉快得就好像
消灭一切的死神阎摩罗。　　　　　（6.48.83）

他率领着一大群罗刹，
来到了哥哥的宫中；
鸠槃羯叨拿双脚踩地，
大地好像是在震动。　　　　　　　（6.48.84）

他走在王道上，
他身上的威光，
照亮了王道，
好像那太阳；
他走在中央，
两旁罗刹合掌；
像那大梵天，
走向帝释一样。　　　　　　　　　（6.48.85）

有一些猴子，
寻求罗摩护庇；
有一些猴子，
恐惧突然倒地；
有一些猴子，

害怕逃向四方；
有一些猴子，
吓得躺在地上。 (6.48.86)


他个子像山岳，
头上戴着宝冠；
自己威光煌煌，
好像太阳一般；
猴子们看到他
这副奇怪的模样，
心里都害了怕，
拼命逃向四方。 (6.48.87)


《罗摩衍那（六上）·战斗篇（上）》第四十八章终

# 第四十九章

有大光辉的罗摩,
这坚毅的人手执弓箭;
他看到鸠槃羯叻拿,
个子大,头上戴着王冠。　　　　　（6.49.1）

看到这个罗刹头子,
样子像是一座大山;
又好像大神那罗延,
从前大踏步跨过中天。　　　　　（6.49.2）

他黑得像含水的云彩,
他戴着真金的臂镯;
猴子大军看到了他,
赶快拼命四散逃脱。　　　　　（6.49.3）

看到了猴军逃跑,
看到那个强壮的罗刹,
罗摩心里吓了一跳,

对维毗沙那说了话： (6.49.4)

"那个戴宝冠的是谁？
他个子像山，眼睛发黄；
这个英雄在楞伽城中，
就像闪电的云彩一样。 (6.49.5)

他成了大地的旗杆，
看上去擎天独立；
猴子们看到了他，
都吓得四散逃避。 (6.49.6)

告诉我这大个子是谁，
是罗刹，还是阿修罗？
这样的一个生物，
我从来还没有见过。" (6.49.7)

精勤不懈的王子，
罗摩这样问了他；
聪明的维毗沙那，
就把罗摩来回答： (6.49.8)

"他在战斗中受到了
阎摩和因陀罗的尊敬赞夸；
他是毗尸罗婆〔148〕的儿子，
光辉的鸠槃羯叻拿。 (6.49.9)

在战场上搏斗,
天神和檀那婆,
夜叉和龙王,
吃肉的恶魔,
还有尾儞也陀罗,
乾闼婆和紧那罗,
成千成千地,
罗摩!被他消灭。 (6.49.10)

大力的鸠槃羯叻拿,
手执插杵,眼睛歪斜,
'这是死神!'他们吓昏了,
三十三天天神无法消灭。 (6.49.11)

大力的鸠槃羯叻拿,
天生就是勇敢凶猛;
其他那一些罗刹头子,
威力都由于恩赐得宠。 (6.49.12)

这个高贵的家伙,
一生下就由于害饿,
把生物来吞噬,
一吞就是好几千个。 (6.49.13)

那些生物都被吃掉,
众生都吓得害了怕;

他们跑到天帝那里去,
把事情的原委告诉了他。　　　　　（6.49.14）


对鸠槃羯叺拿,
伟大因陀罗生了气;
他用锐利的金刚杵,
把他来打击。
这高贵的恶魔
中了天帝金刚杵;
他气得摇摇晃晃,
吼叫得一塌糊涂。　　　　　　　　（6.49.15）


听到了鸠槃羯叺拿,
这聪明罗刹的吼声,
众生都吓得打哆嗦,
这大地也颤抖不停。　　　　　　　（6.49.16）


大力的鸠槃羯叺拿,
生了伟大因陀罗的气;
他拔下伊罗婆陀〔149〕的牙,
对准天帝胸膛猛力一击。　　　　　（6.49.17）


受了鸠槃羯叺拿一击,
天帝释摇摇晃晃;
天神、梵仙和檀那婆,
一下子都发了慌。　　　　　　　　（6.49.18）

天帝释同众生一起，
走到大梵天的住处，
把鸠槃羯叻拿的暴行，
对众生之主一一细述；
说他吞噬一切生灵，
对天神仙加以侮辱。　　　　　　　　　（6.49.19）

'如果他就这个样
把生物不停地吃掉，
那么大地将会一片空空，
时候过不了多少。'　　　　　　　　　（6.49.20）

一切世界的老祖宗[150]，
听完了因陀罗的话，
他就把所有罗刹咒了来，
他看到了鸠槃羯叻拿。　　　　　　　（6.49.21）

看到了鸠槃羯叻拿，
造物主心里也害了怕；
他看了看吐了口气，
自存物就开口说了话：　　　　　　　（6.49.22）

'毗尸罗婆把你创造，
是为了使世界灭亡；
因此你要从今天起，
躺在那里跟死了一样。'

鸠槃羯叨拿受了诅咒，
在梵天眼前躺在地上。　　　　　　　　　（6.49.23）

于是罗波那就激动起来，
他对大梵天开口说话：
'绀伽那树已经长成，
在结果的时候你来砍伐。　　　　　　　　（6.49.24）

万物之主！自己的孙子，
你不应该把他来诅咒；
你从来说话必须实现，
他无疑要睡个够；
他何时睡又何时醒，
请你确定一个时候。'　　　　　　　　　（6.49.25）

听了罗波那的话，
自存物又开了言：
'他将沉睡六个月，
只有一天他会醒转。　　　　　　　　　　（6.49.26）

在醒来的那一天里，
这英雄饿着在大地上游荡；
他张开大嘴吃尽生物，
好像发怒的烈火一样。'　　　　　　　　（6.49.27）

那魔王遭到灾难，

他唤醒鸠槃羯叻拿；
对于你的勇猛威武，
罗波那现在害了怕。　　　　　　（6.49.28）

那个威猛可怕的英雄，
走出了皇家的帐篷；
他忿怒地一路走来，
把一个个猴子吞进肚中。　　　　（6.49.29）

猴子们看到鸠槃羯叻拿，
吓得到处乱跑乱闯；
怎么还能谈到在搏斗中，
猴子们会把他来抵挡！　　　　　（6.49.30）

请告诉所有的猴子，
他不过是凑起来的机器；
猴子们知道了这件事，
就可以驱除恐惧。"　　　　　　（6.49.31）

听了维毗沙那的话，
这番话有理又亲切；
罗摩就对他的将军
尼罗把话来说：　　　　　　　　（6.49.32）

"火神之子！你赶快去，
把军队集合站在那里；

把楞伽城的城门、
小道和桥梁都关闭。 （6.49.33）

把那山峰和树木，
连石头一起搜集起来；
让所有猴子手执兵器，
就站在那里等待。" （6.49.34）

猴子的元帅尼罗，
得到罗摩的命令；
他就下令给猴军，
这一个猴子头领。 （6.49.35）

于是迦婆刹和舍罗婆，
哈奴曼、鸯伽陀和那罗，
都跑向那座城门去，
手里把山峰石头拿着。 （6.49.36）

这猴子大军，
手里拿着树木，
还有些石头，
光闪闪触目，
好像是大片的
天空里的云彩；
云彩飘荡到
大山的周围来。 （6.49.37）

《罗摩衍那（六上）·战斗篇（上）》第四十九章终

# 第五十章

这个猛虎般的罗刹,
睡意还没有全消;
这个罗刹有大勇气,
他走上装饰华美的王道。 （6.50.1）

成千成千的罗刹鬼,
围着这难以战胜的魔王;
房子里洒出了阵阵花雨,
他向前走洒到他身上。 （6.50.2）

他看到罗刹王的宫殿,
美丽而且又宽广;
装饰着黄金的网,
看上去像太阳一样。 （6.50.3）

好像那太阳
钻进云彩一般,
他跨步走进了

罗刹王的宫殿;
他从远处看到
国王坐在宝座上;
好像天帝释
看到大梵天一样。　　　　　　　　（6.50.4)

他走进了哥哥的王宫,
闯过了一层层禁苑宫殿;
他看到了自己的哥哥,
坐在补沙钵戈云车上面。　　　　　（6.50.5)

十头魔王看到了
鸠槃羯叺拿来到眼前;
他高兴得站了起来,
把他召到自己身边。　　　　　　　（6.50.6)

罗波那又坐回宝座,
大力的鸠槃羯叺拿,
敬礼哥哥的双足,
又问了句:"叫我来干嘛?"
罗波那兴奋地站起来,
亲热地来拥抱他。　　　　　　　　（6.50.7)

向他表示应有的敬意,
哥哥把他搂在怀内;
鸠槃羯叺拿也坐上了

美丽的天宫座位。 (6.50.8)

坐上了那一个座位,
大力的鸠槃羯叻拿,
气得眼睛都发了红,
对罗波那开口说话: (6.50.9)

"国王!你叫醒了我,
却是为了什么原因?
告诉我,你害怕谁?
是谁今天要一命归阴?" (6.50.10)

鸠槃羯叻拿来到这里,
这弟弟气得直打哆嗦;
罗波那双眼也在转悠,
开口对他把话来说: (6.50.11)

"大力者呀!你到了今天,
沉睡的时间已经很长;
你幸福,你不知道,
罗摩吓得我心里发慌。 (6.50.12)

罗摩是十车王的儿子,
他勇猛,有须羯哩婆协助;
他率领大军渡过大海,
他想把我们的老根挖出。 (6.50.13)

哎呀！你看一看吧！
这楞伽城的大小园林，
都给那猴子形成的海洋
搭上了桥轻易地闯进。　　　　　　　（6.50.14）

有一些罗刹的头领们，
都在战场上被猴子所杀；
要想在战场上消灭猴子，
我无论如何也想不出办法。　　　　　（6.50.15）

我简直愁得不得了，
请你把我来援助；
这里只剩下老人、孩子，
请把这楞伽城保护。　　　　　　　　（6.50.16）

为了你哥哥的缘故，
粗胳臂者！请你努力；
摧毁敌人者！我从前
从来没有这样请求你；
我全心全意把你来爱，
我对你有最高的敬意。　　　　　　　（6.50.17）

罗刹的魁首！你从前多次
同天神和阿修罗发生磨擦；
那些天神和那些阿修罗，
在战斗中被你打败被你杀；

在所有的生物当中,
　没有一个像你这样英勇力大。　　　　　（6.50.18）

请你务必做这件事,
　这件事使我高兴;
你这个使亲人高兴者!
你取悦你的亲朋!
你施展自己的威力,
　把敌人军队赶开;
就好像一阵风,
　驱逐秋天的云彩。"　　　　　　　　　（6.50.19）

《罗摩衍那（六上）·战斗篇（上）》第五十章终

# 第五十一章

罗刹王这一番倾诉，
鸠槃羯叻拿听完；
他抬头笑了一笑，
便开口对他发言： (6.51.1)

"从前在开会讨论时，
我们看到的那个危险，
现在就落在你头上，
你不听从金玉良言。 (6.51.2)

你干了一些坏事，
迅速地得到了报应；
正如干坏事的人，
堕入地狱之中。 (6.51.3)

大王呀！从前的时候，
你不考虑事情怎样去做；
你专靠自己的勇力和傲气，

你不考虑事情的后果。　　　　　　（6.51.4）

从前应该做的事情,
一个国王以后才做;
提前做后来的事情,
他就是不懂善恶。　　　　　　　　（6.51.5）

不懂得时间和地点,
就贸贸然去把事情干;
这样事情就会干坏,
像酥油投入不洁的火焰[151]。　　　（6.51.6）

国王在三种事情[152]上,
看到其中的五种因素[153],
同顾问们仔细商量,
他就算是走上正路。　　　　　　　（6.51.7）

想达到互相了解,
这样一个国王,
就认识自己的大臣,
也同朋友商量。　　　　　　　　　（6.51.8）

众多罗刹的主子呀!
在法、利和爱[154]三者中,
把其中之一、二、三处理好,
及时地把事情做成。　　　　　　　（6.51.9）

在这三个东西里面，
听了最好的也不照做，
国王或想当国王的人，
他的多闻都毫无结果。　　　　　　　　（6.51.10）


向敌人纳贡或者求和，
分裂敌人或同敌人肉搏，
或者联盟，罗刹主子呀！
哪个合乎治术哪个不合？　　　　　　　（6.51.11）


同大臣在适当的时候，
研究一下法、利和爱；
克制住自己的感官，
在世间他不会受灾。　　　　　　　　　（6.51.12）


看到幸福的后果，
知道可行和不可行；
同了解利的本质的大臣一起，
他就能把脚跟站定。　　　　　　　　　（6.51.13）


老师把经典传授给他们，
他们对经书仍然糊涂，
又傲慢地胡说八道，
这种人真蠢如牲畜。　　　　　　　　　（6.51.14）


不懂得经书的真义，

做事说话都有害无利；
他们也不懂治国安邦术，
只想追求吉祥如意。　　　　　　　（6.51.15）

坏事装出好事的样子，
有人大言不惭把牛皮吹破；
良言和忠告都不采纳，
他们会把事情弄砸了锅。　　　　　（6.51.16）

有的同敌人联成一气，
想损害自己的主子；
这些大臣让主子去干
违反自己利益的事。　　　　　　　（6.51.17）

在出主意的时候，
周围的一些敌人，
装出朋友的样子，
国王应该认识他们。　　　　　　　（6.51.18）

有的国王性格轻浮，
贸然想起来就干；
总是想钻人的空子，
好像飞鸟钻羯兰竭山。　　　　　　（6.51.19）

有的国王了解敌人，
但不知保护自身；

他就会从宝座上掉下,
他就会遭到不幸。" （6.51.20）

十头魔王罗波那,
听了鸠槃羯叨拿的话,
他把双眉紧皱起来,
怒气冲冲地把他回答: （6.51.21）

"我是你尊敬的长辈,
你教训我竟这样大胆;
说这么多废话干嘛?
我叫你怎干你就怎干。 （6.51.22）

由于激动或者糊涂,
或者仗恃自己的力量;
你的举动很不得体,
你把那样多废话来讲。 （6.51.23）

在现在这样的时刻,
有件事情应该去做;
你要努力去补救,
我那错误做法的后果。 （6.51.24）

如果你对我还有感情,
你对我还有兄弟情怀;
如果你在心里认为

眼前做这件事应该。 (6.51.25)

帮助一个倒霉的人,
他才算是一个朋友;
他才算是一个亲戚,
对有困难的人伸出手。" (6.51.26)

他就这样说了话,
这些话强硬顽固;
"他生了气!"弟弟心里想,
于是用温语把他安抚。 (6.51.27)

他看到自己的哥哥,
激动得浑身打哆嗦;
鸠槃羯叻拿就慢慢地,
把安慰的话来说: (6.51.28)

"罗刹主子!够了够了!
你要把忧愁来驱除;
请你就放心吧,
请你不要再发怒。 (6.51.29)

国王呀!只要我活着,
你就不要这样打算;
我将要去消灭掉
让你难过的根源。 (6.51.30)

## 第二十七卷 译著八

我对你只说有益的话，
不管你的处境多么坏；
这出于亲属的情谊，
国王！出于兄弟之爱。　　　　　　　　（6.51.31）

在这样一个时刻，
亲爱的家属应该做的事，
你瞧着吧！我在战场上，
要把敌人们都杀死。　　　　　　　　　（6.51.32）

粗胳臂！今天就请看，
我要在阵前杀掉
罗摩和罗什曼那，
把猴子大军赶跑。　　　　　　　　　　（6.51.33）

今天你就会看到我
从战场上带给你罗摩的头；
粗胳臂！请高兴吧！
让那个悉多去发愁。　　　　　　　　　（6.51.34）

楞伽城中所有的罗刹，
只要自己的亲友被杀，
今天我要消灭罗摩，
就让他们高兴地看着吧。　　　　　　　（6.51.35）

因为自己的亲眷被杀，

他们都忧愁悲悼；
今天我消灭仇敌以后，
亲自把他们的眼泪擦掉。　　　　　　（6.51.36）

今天你请看那猴子头领，
须羯哩婆个子长得像山一样；
他将在阵前倒毙，
像云彩连同其中的太阳。　　　　　　（6.51.37）

精力充沛者！你不要
再派别人出去打仗；
大力量者！我孤身一个
要把所有的猴子消灭光。　　　　　　（6.51.38）

即使是天帝释和阎摩，
即使是火神和风神，
即使是财神和婆楼那，
我也将同他们斗上一阵。　　　　　　（6.51.39）

我的身躯像大山一样，
手里拿着锐利的插杵；
我牙齿尖利，开口一吼，
连因陀罗听了也发怵。　　　　　　　（6.51.40）

我或许把兵器丢开，
赤手空拳把仇敌撕碎；

谁要是还想活着,
他怎能有胆量同我作对? （6.51.41）

不用短枪和钉头锤,
不用刀子和利箭,
我只用我这两只手,
就能把因陀罗擒斩。 （6.51.42）

如果今天那个罗摩,
能受得住我的拳头,
那么我的这一股箭流,
将把罗摩的血喝够。 （6.51.43）

国王呀!只要有我在,
你还有什么发愁的事?
我要孤身一个出去,
把那个敌人收拾。 （6.51.44）

国王呀!不要怕罗摩,
我要在战斗中杀死他;
杀死大力的须羯哩婆,
杀死罗怙子孙罗什曼那;
我要献给你一个光荣,
这光荣不寻常又伟大。 （6.51.45）

我现在就去

杀死那个罗摩;
很大的幸福,
我要去获得;
杀死了罗摩,
还有罗什曼那,
我把所有猴子,
一个个都吞下。　　　　　　　　　（6.51.46）


你纵情享乐吧!
你喝那些美酒;
你干你的事情,
心里不必担忧;
我今天就要
送罗摩去见阎罗;
她也将会屈服,
那一个悉多。"　　　　　　　　　（6.51.47）

《罗摩衍那（六上）·战斗篇（上）》第五十一章终

# 第五十二章

两只胳臂非常健壮、
高大有力的鸠槃羯叻拿,
这样说了话以后,
摩护陀罗听完对他说话: (6.52.1)

"鸠槃羯叻拿!你出身名门,
你勇猛,样子很粗野,
你骄傲,任何的事情
你都不能够了解。 (6.52.2)

鸠槃羯叻拿!是和非
国王不是不知道;
你从小就粗野难驯,
因此你才胡说八道。 (6.52.3)

罗刹的魁首!国王知道
自己和敌人的情势,
他知道两方面的盛和衰,

地点和时间他也深知。　　　　　　　　　(6.52.4)

那些只有勇力的人，
那些智慧短浅的人，
那些不尊敬老人的人，
哪个聪明人做事效法他们？　　　　　　(6.52.5)

法、利和爱这三件东西，
你说它们之间有冲突纷争；
你从本质上并不了解，
在这方面你没有本领。　　　　　　　　(6.52.6)

所有人们的行动，
业是它们的根源；
行善事会得到善报，
做恶事恶报就在眼前。　　　　　　　　(6.52.7)

实行法，实行利，
其结果就是解脱；
不合乎法和利的，
就得到相反的结果。　　　　　　　　　(6.52.8)

今生和来世的业，
人们都可以获得；
坚持爱欲的人，
立刻就得良好的业[155]。　　　　　　　(6.52.9)

国王把事安排好,
我们从心里赞成;
你对待敌人粗暴,
那又有什么不行? (6.52.10)

但是你刚才谈到,
想单枪匹马去交锋;
这却是不妥当,不好,
这理由我要对你说清。 (6.52.11)

很多勇猛的大力罗刹,
在阇那私陀那被他伤害;
就是那一个罗摩,
你单身怎能把他打败? (6.52.12)

那一些有大威力的罗刹,
在阇那私陀那受了挫;
即使今天他们在城里,
你还会看到他们哆嗦。 (6.52.13)

十车王的儿子罗摩,
就像是忿怒的狮子,
又像是沉睡的毒蛇,
你去撩拨他,你是无知。 (6.52.14)

他经常闪耀着威光,

他忿怒,难以抵挡;
谁能够去接近他?
他就像是死神一样。　　　　　　　(6.52.15)


对于抵挡这个敌人,
所有的罗刹都犹豫;
你竟一个人想出去,
我完全不能同意。　　　　　　　　(6.52.16)


这敌人的力量正在增长,
哪一个倒霉的家伙,
敢冒生命的危险,
想去压服他一个?　　　　　　　　(6.52.17)


罗刹的魁首!在凡人里,
像他一样的人再也没有;
他同因陀罗一样厉害,
你怎么竟敢同他去斗?"　　　　　　(6.52.18)


对非常激动的鸠槃羯叻拿,
摩护陀罗这样说了话;
他又在罗刹们的中间,
告诉让世人战栗的罗波那:　　　　(6.52.19)


"你从前抢来了悉多,
你为什么光说空话?

如果你真正愿意,
悉多将会在你支配下。　　　　　　　　　（6.52.20)

我想出了一个计策,
能够让悉多服服帖帖;
如果你认为可以的话,
罗刹主子！请听我说。　　　　　　　　　（6.52.21)

我同陀毗吉诃婆[156]、僧诃罗丁[157],
鸠槃羯叻拿、毗塔陀那[158],
我们五个出去同罗摩搏斗,
请你就把一件事情告诉大家。　　　　　　（6.52.22)

我们先到那里去,
将拼命同他战斗;
如果我们战胜了那个敌人,
就不必再想什么计谋。　　　　　　　　　（6.52.23)

如果我们都打败了,
而那个敌人还活着,
我们就自己心里,
想出一些计策。　　　　　　　　　　　　（6.52.24)

我们从战场上回来,
身上流满了鲜血;
我们身上射满利箭,

上面有罗摩名字刻着。　　　　　　　　（6.52.25）

'我们已经吞掉了罗摩，
还有那个罗什曼那，'
这样说完就搂你的脚，
请满足我们的愿望吧！　　　　　　　（6.52.26）

你要骑在大象背上，
国王呀！在城中宣布：
罗摩和他的兄弟，
连同军队都已被宰屠。　　　　　　　（6.52.27）

驯服敌人者！你一高兴，
就赐给你的那些奴仆，
吃的东西和盖的东西，
让他们尽情地享福。　　　　　　　　（6.52.28）

把花环和衣服，
还有香膏赐给英雄们，
赐给战士很多美酒，
你自己也愉快地痛饮。　　　　　　　（6.52.29）

这时罗摩已死的流言
到处都在讲述传布，
你就要走到那里去，
把悉多偷偷地安抚；

你要用钱财和粮食,
用爱欲和珍宝使她满足。 （6.52.30）


国王呀！由于身处忧患,
由于恐惧,由于忧愁,
悉多将会屈服于你,
她无依无靠无享受。 （6.52.31）


如果她听到这个消息,
自己亲爱的丈夫已经死亡;
由于失望她会屈从于你,
妇女的天性就是这样。 （6.52.32）


从前她生长在富贵中,
现在却把忧患遭到;
看到你能给她幸福,
她当然投入你的怀抱。 （6.52.33）


按照我的看法,
这样做非常好;
让她看到罗摩,
对我们就不得了;
这里你一定能
把很大的幸福享够;
千万不要渴望
去进行大的搏斗。 （6.52.34）

不冒什么风险，
也不损失军队；
国王！不用战斗，
就能把敌人击溃。
你在长时间内，
国王！将能够得到，
名誉和功德，
幸福和荣耀。" （6.52.35）

《罗摩衍那（六上）·战斗篇（上）》第五十二章终

# 第五十三章

鸠槃羯叻拿听了这话，
就把摩护陀罗来诟骂；
然后他又告诉罗刹头子，
他自己的哥哥罗波那： （6.53.1）

"我今天就要杀掉
那一个坏蛋罗摩；
驱除你那可怕的恐怖，
让你没有敌人，享受快乐。 （6.53.2）

英雄们从来不空吹牛，
像那无雨的云层；
请看我走到战场上，
用我的行动来发声。 （6.53.3）

自己不原谅自己，
自己不崇拜自己；
英雄们不声不响，

把难做的事做完毕。　　　　　　　　　（6.53.4）

那些处于苦难中的国王，
那些自觉聪明的蠢国王，
摩护陀罗！像你这样的话，
他们一开始就爱听你讲。　　　　　　　（6.53.5）

像你这样的坏东西，
专拣好听的说给国王听；
你们专门顺从着国王，
战斗就被你们葬送。　　　　　　　　　（6.53.6）

楞伽城弄得只剩下国王，
财富减少，士兵被杀伤；
得到一个愚蠢的国主，
你名为朋友实则敌人一样。　　　　　　（6.53.7）

我现在就要出去，
到阵前把敌人降服；
在搏斗中把你干的
那一些坏事来弥补。"　　　　　　　　（6.53.8）

聪明的鸠槃羯叻拿，
就是这样说了话；
罗刹主子听了以后，
含笑把他来回答：　　　　　　　　　　（6.53.9）

"这个摩护陀罗无疑是
被罗摩吓破了胆;
因此,亲爱的擅长战斗者!
他就不敢去出战。 （6.53.10）

在友情和力量方面,
谁也比不上你,
鸠槃羯叻拿,你去吧!
出去战胜又杀敌。 （6.53.11）

拿上锋利的插杵,
奋勇去杀死敌人;
这纯铁的杵闪着光,
上面装饰着真金。 （6.53.12）

它可怕像因陀罗的霹雳,
它重得像那金刚杵;
它能杀死天神、檀那婆,
又把乾闼婆和紧那罗宰屠。 （6.53.13）

它装饰着红色花环,
自己身上闪出火般光芒;
拿上这一把锋利插杵,
要用敌人的血染得红亮。"
有大威力的鸠槃羯叻拿,
对罗波那就把话来讲: （6.53.14）

"我要孤身冲上前去,
让大军就在这里等;
今天我又饿又生气,
我要把猴子都吞净。"　　　　　　　　(6.53.15)

听了鸠槃羯叻拿的话,
罗波那又把话来说:
"你率领兵卒走出去,
手里把插杵和刀执着。　　　　　　　(6.53.16)

行动迅速,决心极大,
那些高贵尊严的猴子;
如果孤身一个不留意,
他们就用牙把你咬死。　　　　　　　(6.53.17)

因此,你出战必须带上,
很多难以战胜的士兵;
消灭所有的那些敌人,
他们是罗刹们的灾星。"　　　　　　　(6.53.18)

有大威德的罗波那,
从宝座上站了起来;
把一个镶着摩尼的花环,
给鸠槃羯叻拿往身上戴。　　　　　　(6.53.19)

高贵的魔王又给他

手指上套上戒指；
戴上一串珍珠链，
戴上高贵的首饰。　　　　　　　　　　（6.53.20）

罗波那又给他戴上
芬芳的天堂中的花环；
又在他那两只耳朵上，
戴上了美妙的耳环。　　　　　　　　　（6.53.21）

给他戴上金臂镯，
上面镶着金子；
大耳朵的鸠槃羯叻拿，
像祭火一样燃炽。　　　　　　　　　　（6.53.22）

腰上系着大带子，
颜色发黑光芒闪闪；
就像搅海取醍醐时
被大蛇围缠的摩亨陀罗山。　　　　　　（6.53.23）

他又披上了
金子的铠甲；
这铠甲非常重，
稳妥得无以复加；
铠甲发着光，
璀璨像闪电；
他也浑身闪烁，

像黄昏的雪山。　　　　　　　　　　　　（6.53.24）


身上戴满了一切首饰，
这罗刹手里拿着插杵；
他看上去就像那罗延〔159〕，
努力把那三步跨出。　　　　　　　　　　（6.53.25）


拥抱了自己的哥哥，
绕着他右旋致敬；
这大力罗刹跪下磕头，
准备出发去交锋；
罗波那说出了祝愿，
为他祝福送他出征。　　　　　　　　　　（6.53.26）


吹起海螺，敲起大鼓，
带着有优良兵器的士兵，
还有大象和骏马，
车辆辚辚好像雷鸣；
都跟着这高贵的罗刹，
这个御手中的豪英。　　　　　　　　　　（6.53.27）


罗刹骑着蛇、骆驼、驴和马，
骑着狮子、老虎、兽和鸟，
都跟在鸠槃羯叻拿的身后，
他凶恶，力量大得不得了。　　　　　　　（6.53.28）

#### 第二十七卷 译著八

一阵阵的花雨，
洒落在他身上；
遮阳伞很牢固，
锋利插杵手中掌；
他快乐得要发狂，
他闻到了血香；
檀那婆天神之敌，
出城去上战场。　　　　　　　　　　（6.53.29）


很多很多的步卒，
力量大，吵吵闹闹；
眼睛凶恶，手执兵器，
可怕的罗刹在他身后跑。　　　　　　（6.53.30）


眼睛发红，个子极大，
好像一堆黑色眼药油；
手里拿着插杵和刀剑，
还拿着锋利的斧头。　　　　　　　　（6.53.31）


还有钉头锤和大杵，
门闩有几肘长；
又有多罗树的大树干，
投出去难以抵挡。　　　　　　　　　（6.53.32）


换了一副可怕的形象，
凶恶，令人毛发直竖；

有大威德,有大力量,
鸠槃羯叻拿昂然走出。　　　　　　　(6.53.33)

他的身躯宽一百弓,
身高高到六百弓,
样子凶恶,眼如车轮,
好像是一座大山峰。　　　　　　　　(6.53.34)

他走向那一群罗刹,
高大像燃烧着的山;
鸠槃羯叻拿张开大嘴,
含笑对他们开了言:　　　　　　　　(6.53.35)

"今天那一些猴子头子,
猴子队伍成堆又成窝;
我一怒把他们都烧死,
好像烈火焚烧飞蛾。　　　　　　　　(6.53.36)

住在森林里的猴子们,
确实没有把我得罪;
天生这样一些东西,
是为我们把园林点缀。　　　　　　　(6.53.37)

罗摩同着罗什曼那,
是这一次围城的根源;
我要在战斗中先杀他俩,

然后再把所有的猴子杀完。" （6.53.38）

鸠槃羯叻拿说完了话，
罗刹们把他的话听完；
一齐纵声大吼大叫，
好像要把海洋震撼。 （6.53.39）

聪明的鸠槃羯叻拿，
飞快地从城里冲出；
一些可怕的朕兆，
到处都可以目睹。 （6.53.40）

云层里闪着电光霹雳，
发出十分可怕的吼声；
连带着海洋和森林，
大地在频频地震动。 （6.53.41）

那些样子可怕的豺狗，
满嘴喷火，吼叫不止；
天空里的那些鸟群，
在右边集结起来绕圈子。 （6.53.42）

他手执插杵走在地上，
大鹫就飞落在插杵上头；
他的眼睛不停地跳动，
右胳臂也在颤颤抖抖。 （6.53.43）

他像彗星一样冲出,
闪着光,声音可怖;
太阳失了它的光辉,
和风也不再吹拂。　　　　　　　　(6.53.44)

他不想出现的这些现象,
这些都令人毛发直竖;
好像死神在逼迫着他,
鸠槃羯叻拿昂然走出。　　　　　　(6.53.45)

他真像大山一样高,
两只脚跨过了城墙;
猴子大军看到了他,
样子像那云层一样。　　　　　　　(6.53.46)

那一群猴子看到他,
看到这罗刹头子像大山;
又像被风吹动的云彩,
直吓得他们四处乱窜。　　　　　　(6.53.47)

猴子大军看到他,
非常残暴又丑怪;
他们四处逃窜,
像撞碎的云彩。
这个鸠槃羯叻拿,
看到了高兴;

他纵声大吼,
声音像云鸣。 (6.53.48)

猴子们听到了
他这可怕的吼声;
就像那天空里,
云彩中的雷鸣。
很多的猴子,
倒在当地上;
就像娑罗树,
拔了根一样。 (6.53.49)

鸠槃羯叻拿,
高贵的罗刹,
投出了大门闩,
想把敌人杀。
他使得猴子,
个个都害怕;
好像是死神,
劫末把坏人惩罚。 (6.53.50)

《罗摩衍那(六上)·战斗篇(上)》第五十三章终

# 第五十四章

他大声发出了吼声,
连海洋也响起了涛声,
好像是卷起了旋风,
好像是劈开了山峰。　　　　　　　　（6.54.1）

连因陀罗和阎罗王,
连婆楼那也战胜不了;
眼睛凶恶,冲上前来,
猴子们看到他就逃跑。　　　　　　（6.54.2)

看到他们四处逃窜,
波林之子鸯伽陀把话说,
告诉那罗、尼罗、迦婆刹,
告诉那大力量的俱牟陀:　　　　　（6.54.3)

"你们忘记了自己,
忘记了勇敢出身好;
你们竟像普通猴子,

吓得想往哪里逃? (6.54.4)

好吧,朋友们!回来吧!
为什么只把自己性命保护?
千万不要丢掉战斗呀!
罗刹只是制造一个大恐怖。 (6.54.5)

罗刹们制造的大恐怖,
现在就出现在我们眼前;
我们将用武力去消灭它,
猴子们呀!赶快回转!" (6.54.6)

费了很大劲才安抚住,
猴子们从各处集在一起;
他们手里拿着树木石头,
都出发到战场上去。 (6.54.7)

这群猴子生着气转回来,
他们冲向鸠槃羯叻拿;
他们好像是大象一群,
怒气冲冲地把他来打;
他们使用高峻的山峰,
使用大石头,他们力量大。 (6.54.8)

树顶上都开着繁花,
他挨了树打不哆嗦;

成百成百的大石头,
落到他身上被他打破;
那些开着花的大树,
也都被打碎在地上落。 （6.54.9）

鸠槃羯叨拿生了气,
他也抖擞起精神,
消灭威力大的猴子,
好像烈火焚烧山林。 （6.54.10）

很多猴子的魁首,
沾满了鲜血躺下,
被打翻在地上,
好像大树开着红花。 （6.54.11）

猴子们跳呀跑呀,
什么东西也看不清;
有的掉到海里去,
有的跳到天空中。 （6.54.12）

那些猴子英雄们,
被那个大力罗刹杀死;
他们跨海来的一条路,
他们向那路奔跑不止。 （6.54.13）

跑向高地和洼地,

脸上吓得变了色；
有的猴子上了树，
有的往山上爬着。 (6.54.14)


有的跳到海里去，
有的跳到山洞里，
有的猴子倒下了，
他们再也站不起。 (6.54.15)


看到猴子们这样狼狈，
鸯伽陀对他们说了话：
"站起来吧！我们要战斗，
猴子们呀！都回来吧！ (6.54.16)


你们狼狈不堪到处逃，
我看逃不出这个大地；
为什么这样贪生怕死？
都回到自己岗位上去。 (6.54.17)


你们这些喜欢活动的猴子们！
你们丢下了兵器逃跑；
你们的老婆会耻笑你们，
她们的耻笑等于把你们杀掉。 (6.54.18)


你们都生于名门大族，
家族都是庞大的富豪；

你们竟会这样地低贱,
一点勇气没有,到处逃。　　　　　（6.54.19）

你们在人民群众中,
经常吹出豪言壮语；
这些豪言确很堂皇,
它们现在到了哪里？　　　　　　（6.54.20）

可怕的谴责可以听到,
谴责你们只图活命从战场上逃跑；
好人们都要走正路,
要把恐怖统统丢掉。　　　　　　（6.54.21）

我们或者被打倒,
断送性命躺在地上；
或者在战斗中被杀,
升入难得的梵天天堂；
我们或者在战斗中,
杀死敌人把名声扬。　　　　　　（6.54.22）

鸠槃羯叻拿看到罗摩,
他决不会活着逃脱,
好像是一只飞蛾,
扑向熊熊的烈火。　　　　　　　（6.54.23）

我们为了保住性命,

就拼上命到处逃跑；
许多猴子被一个恶魔打败，
我们的名声就算完了。"　　　　　　（6.54.24）

戴着金带的鸯伽陀，
就是这样把话来说；
那一些逃跑的猴子，
说了些话被英雄谴责：　　　　　　（6.54.25）

"那个罗刹鸠槃羯叻拿，
把我们杀得好厉害；
不是停下的时候，要往前跑，
我们把自己的性命热爱。"　　　　　（6.54.26）

他们说完了这些话，
所有的猴子都四散逃窜；
这些猴子头领看到了
那眼睛凶恶的罗刹来到眼前。　　　　（6.54.27）

这一些英雄的猴子，
正在拼命四散逃窜；
鸯伽陀好语安抚，
他们又都回转。　　　　　　　　　　（6.54.28）

哩舍婆、舍罗婆、
曼陀、图牟罗、尼罗、

俱牟陀、须私那、
迦婆刹、兰帕、达罗、
陀毗毗陀、波那娑、
婆瘦布特罗[160]，
他们很快回转身，
向着战场冲过。　　　　　　　　　（6.54.29）

《罗摩衍那（六上）·战斗篇（上）》第五十四章终

# 第五十五章

听完了鸯伽陀的话,
这些大猴子转回身;
他们又恢复了最高智慧,
都渴望去冲锋陷阵。 （6.55.1）

他们又都振奋起精神,
他们又都焕发了勇气;
鸯伽陀说的这一番话,
把猴子们的斗志鼓起。 （6.55.2）

他们下定决心不怕死,
心情愉快地向前冲;
掀起一场喧闹的战斗,
猴子们不顾自己的性命。 （6.55.3）

这些大个子的猴子,
迅速地举起来了
大树和极大的山顶,

对准鸠槃羯叺拿跑。　　　　　　　（6.55.4）

鸠槃羯叺拿生了气，
祭起了那个钉头锤，
这个大个子罗刹嘴里骂着，
想把敌人消灭在周围。　　　　　　（6.55.5）

七八百个猴子，
猴子好几千个，
被鸠槃羯叺拿打翻，
乱七八糟地上倒卧。　　　　　　　（6.55.6）

十六个，八个，十个，
一直到二十个、三十个，
他用两只胳臂抱住，
边跑着，边往下吞着；
他怒气冲冲吃下去，
好像那金翅鸟吞大蛇。　　　　　　（6.55.7）

哈奴曼站在空中，
抓起了许多树和山峰，
像落雨般地投下去，
对准鸠槃羯叺拿的前胸。　　　　　（6.55.8）

大力的鸠槃羯叺拿，
挥舞起那条插杵，

打碎了那些大山,
打碎了雨般的树。 （6.55.9）

于是这罗刹头子,
手执锋利的插杵,
冲着猴子的大军,
猛力向前奔突。
他正在向前猛冲,
哈奴曼挡在面前;
哈奴曼手里举着
一座大山的峰巅。 （6.55.10）

恶魔身躯如山峰,
哈奴曼生了气;
他飞速向前猛冲,
对准了恶魔打击。
他被恶魔射中,
身子摇摇晃晃;
四肢流满肥油,
鲜血流在身上。 （6.55.11）

鸠槃羯叻拿,
把插杵挥动;
它好像是霹雳,
又像燃烧的山峰;
打中了哈奴曼,

打在两臂中间;
好像大神俱诃[161],
打碎羯兰竭山。 (6.55.12)

那个哈奴曼,
被插杵打中;
打在胸膛上,
鲜血嘴里涌。
他在搏斗时,
发出大吼声;
好像劫末云彩,
发出了雷鸣。 (6.55.13)

那一群罗刹,
看到他被打中,
突然爆发出,
狂乐的吼声。
那一些猴子,
心里害了怕;
他们到处乱窜,
逃开鸠槃羯叻拿。 (6.55.14)

尼罗投出了大山峰,
对准了聪明的鸠槃羯叻拿;
恶魔看到它就要落下,
他用手掌把它推打。 (6.55.15)

那山峰被手掌所击，
它被打成了碎粉一样；
它带着燃烧的火花，
一下子散落到大地上。　　　　　　　（6.55.16）

哩舍婆、舍罗婆和尼罗，
迦婆刹和乾闼摩陀诺，
这五个猛虎般的猴子，
对准鸠槃羯叻拿向前冲过。　　　　　（6.55.17）

这些大力的猴子用石块，
用大树、巴掌、脚和拳头，
把大个子鸠槃羯叻拿，
从四面八方狠狠地揍。　　　　　　　（6.55.18）

这些打击他毫不在意，
好像是轻轻的抚摩；
他伸开了两只胳臂，
抱住了迅捷的哩舍婆。　　　　　　　（6.55.19）

鸠槃羯叻拿用两臂，
夹住了这个猴子魁首；
可怕的哩舍婆倒下去，
鲜血从他嘴里往外流。　　　　　　　（6.55.20）

他用膝盖顶住尼罗，

他用拳头把舍罗婆打;
这一个天神的仇敌,
又用手掌打迦婆刹。 (6.55.21)

遍体流血昏了过去,
他们被打得受了伤;
他们一下子躺倒在地,
好像砍倒的金输迦一样。 (6.55.22)

这一些猴子的头领,
这一些高贵的猴子倒下;
成千的猴子冲上去,
对准了鸠槃羯叻拿。 (6.55.23)

所有这一些猴子魁首,
力量大,个子像山那样高;
爬到他身上像爬上山,
都用牙把他拼命来咬。 (6.55.24)

他们用爪子,也用牙,
他们用拳头,也用膝盖;
这一些猴子的魁首们,
把大个子鸠槃羯叻拿又揍又拽。 (6.55.25)

这个山岳一般的恶魔,
被成千的猴子爬满;

这个猛虎一般的罗刹,
好像山岳被自生树木盖严。　　　　　（6.55.26）

这个有大力量的罗刹,
用两臂抱住了所有的猴子;
像那金翅鸟吞噬大蛇,
他怒气冲冲把他们吞噬。　　　　　　（6.55.27）

掉到鸠槃羯叻拿的嘴里,
活像是掉进了阴司地狱;
这些猴子从他的鼻子里,
从他的耳朵里爬出去。　　　　　　　（6.55.28）

这个罗刹头子非常生气,
他的个子像一座大山;
他怒气冲冲吞噬猴子,
他把所有的猴子都吃完。　　　　　　（6.55.29）

这个罗刹把土地
都遮满了肉和鲜血;
他在猴子大军中行走,
好像熊熊燃烧的劫末烈火。　　　　　（6.55.30）

像天帝释手拿金刚杵,
像死神手里持着绳索,
大力的鸠槃羯叻拿,

把那插杵在手中握。　　　　　　（6.55.31）

好像夏天里的烈火，
焚烧干枯的山林；
鸠槃羯叻拿就这样
焚烧那一支猴子大军。　　　　　（6.55.32）

这些猴子被杀伤，
头领死掉群龙无首；
他们都惊慌失措，
拼命地大声狂吼。　　　　　　　（6.55.33）

猴子们成堆又成批，
被鸠槃羯叻拿杀砍；
猴子们都心慌意乱，
跑到罗摩跟前来求援。　　　　　（6.55.34）

看到鸠槃羯叻拿
那大力罗刹扑了过来，
这个猴王须羯哩婆
这个英雄跳跃得飞快。　　　　　（6.55.35）

这一个巨大的猴子，
挥舞着一座山顶，
对准了鸠槃羯叻拿，
那个大力罗刹猛冲。　　　　　　（6.55.36）

鸠槃羯叻拿看到了
那个猴子冲到他身边;
他把全身四肢都裸露,
面对猴王在那里站。　　　　　　　（6.55.37）

鸠槃羯叻拿站在那里,
浑身沾满了猴子鲜血;
他张嘴把大猴子吞噬,
须羯哩婆看到他就说:　　　　　　（6.55.38）

"很多英雄被你杀死,
你干了十分残暴的事;
你得到最高的荣誉,
这支猴军被你所吃。　　　　　　　（6.55.39）

你丢下那猴子大军吧!
同那些普通猴子打什么仗?
我现在投出去一座大山,
罗刹呀!请你尝上一尝。"　　　　　（6.55.40）

猴王说的这一番话,
十分坚强而又沉着;
猛虎般的鸠槃羯叻拿,
听完了开口把话说:　　　　　　　（6.55.41）

"你本是生主的孙子,

熊罴国王的儿子;
你既多闻又勇武,
因此才这样吹嘘。" （6.55.42）

鸠槃羯叩拿这样说,
他听完了他的话,
一下子把石头投出,
心里想打中他;
石头打中了
恶魔的胸膛;
这石头真好像,
霹雳金刚杵一样。 （6.55.43）

山峰打在他那
宽阔的胸膛上,
忽然间竟撞得
像碎粉一样。
那一些猴子们,
一下子把气泄掉;
那一群罗刹
乐得大声吼叫。 （6.55.44）

他被山峰打中,
气得暴跳如雷;
狂怒大声吼叫,
张开血盆大嘴;

他把插杵抓起,
样子像是霹雳;
想把猴王杀死,
奋力投了出去。 (6.55.45)

鸠槃羯叻拿,
甩开胳臂投出,
饰着金花环的
那锋利的插杵。
插杵飞了起来,
风神之子哈奴曼,
用两臂抱住,
一下子把它砸断。 (6.55.46)

那一条大的铁插杵,
有一千波罗[162]重;
抓过来在膝上打碎,
这个愉快的猴子头领。 (6.55.47)

看到自己的插杵,
被猴子头领打碎,
高贵的罗刹头子,
气得暴跳如雷;
他从楞伽摩罗耶山
把山峰抓过,
一下子投了出去,

想杀死须羯哩婆。　　　　　　　　（6.55.48）

被山峰打中，
须羯哩婆昏迷；
这一个猴王，
忽然间倒地；
看到他昏迷，
倒在当地上，
那一群罗刹，
都齐声歌唱。　　　　　　　　　　（6.55.49）

鸠槃羯叻拿，
要同猴王较量；
猴王的威武，
令人吃惊非常；
他伸出了手，
去捉须羯哩婆；
就好像那狂风，
把云彩去捉。　　　　　　　　　　（6.55.50）

恶魔鸠槃羯叻拿，
把他抓了起来；
须羯哩婆的身躯，
好像一大块云彩。
魔王的样子，
很像须弥山；

像那座山王，
带着高峻的峰巅。 （6.55.51）

这个英雄抓住他，
迈步就向前边走；
罗刹头子战场上，
大声把他来歌讴。
他耳朵里听到了，
上面天神的叫声；
猴王被他活捉住，
天神看到吃了惊。 （6.55.52）

精力像天帝的恶魔，
带着须羯哩婆，
这个猴群之王，
活像天帝因陀罗。
一切都将完结，
捉到他这猴王，
连同罗摩和大军，
因陀罗的敌人这样想。 （6.55.53）

看到这猴子大军，
向四面八方窜逃；
又看到猴子须羯哩婆，
被鸠槃羯叻拿捉牢。 （6.55.54）

风神的聪明儿子
哈奴曼心里琢磨:
"须羯哩婆被擒走,
我还该做些什么? （6.55.55）

只要是我应该做的,
我一定要努力去做;
我将把身躯变得山样高,
去擒住那一个恶魔。 （6.55.56）

只要我在搏斗中,
杀死鸠槃羯叻拿,
那恶魔有大力量,
我用拳头把他打;
只要那个猴王,
能够被释放,
所有这些猴子,
都会快乐欢畅。 （6.55.57）

也许那一个猴王,
自己也可以得到释放,
如果天神和阿修罗,
能够把他抓在手上。 （6.55.58）

我想,那个众猴之王,
现在还没有苏醒;

他在交手的时候，
被恶魔的石头打中。　　　　　　　　　　（6.55.59）

这一个须羯哩婆，
不久就会恢复知觉；
什么事情对猴子有利，
他自己也会去做。　　　　　　　　　　　（6.55.60）

高贵尊严的须羯哩婆，
如果我去把他救拯，
那就会成为一个污点，
将永远玷污他的英名。　　　　　　　　　（6.55.61）

因此，我要等上一等，
等候君王显示英勇；
这猴子大军被打散，
我且去安慰把他们哄。"　　　　　　　　（6.55.62）

风神之子哈奴曼，
就这样打下了主意；
他走到猴军那里，
给他们鼓劲又打气。　　　　　　　　　　（6.55.63）

鸠槃羯叻拿，
走进楞伽城；
手里抓着大猴子，

浑身抖个不停。
从楼台和王路,
从城门那里,
对准他的身躯,
洒来阵阵花雨。　　　　　　　　　　（6.55.64)

猴王费了很大力量,
渐渐恢复了知觉;
他自己正被
有力的双臂搂着。
他也看到了
城里的王路;
这高贵的猴子,
心里寻思嘀咕:　　　　　　　　　　（6.55.65)

"现在我就这样,
被敌人活捉;
情况是这样子,
我能干些什么?
只要一件事情,
对猴子们有利,
我定要去做,
让他们如意。"　　　　　　　　　　（6.55.66)

这个群猴之王,
猛然把身子挺起;

他用自己的爪尖,
去撕天神的仇敌;
用指甲撕鼻子,
用牙咬耳朵;
又咬鸠槃羯叻拿
身上的两个肋窝。　　　　　　　　　　（6.55.67)

鸠槃羯叻拿的
耳朵和鼻子,
被那个猴王,
又是咬来又是撕。
他气得暴跳如雷,
鲜血把全身流满;
他想把须羯哩婆
在地上摔烂。　　　　　　　　　　　　（6.55.68)

猴王躺在地上,
忍受可怕的痛打;
那些天神的仇敌,
都想杀死他。
他一下子跳起来,
跳上了天空;
他又回到了
罗摩的怀中。　　　　　　　　　　　　（6.55.69)

大力的鸠槃羯叻拿,

丢掉了鼻子和耳朵；
他浑身流满了鲜血，
像大山上流下了小河。 （6.55.70）

那高贵的恶魔，
突然又出了城；
罗刹鸠槃羯叻拿，
在搏斗中逞凶猛；
他把猴子大军，
又吞入腹中；
好像劫末烈火，
烧掉众生性命。 （6.55.71）

他一心想吞噬，
渴望鲜血和肉；
他又回到了
猴子大军里头；
他吞噬罗刹和猴子，
熊罴和毕舍遮；
这个鸠槃羯叻拿
在战场上发了邪。 （6.55.72）

抓住一、二、三很多猴子，
这个罗刹鬼怒气冲冲；
连同那些罗刹鬼，
他用一只手投入口中。 （6.55.73）

这个大力的罗刹鬼，
身上油和血直往下流；
他抓起了一座座大山，
把猴子砸死吞个不休；
猴子们被他吞噬着，
跑到罗摩跟前来求救。 （6.55.74）

罗什曼那在这时候，
奋起战斗，怒气冲冲，
须弥多罗的这个儿子，
摧毁敌军和堡垒的英雄。 （6.55.75）

英勇罗什曼那用七支箭，
射中鸠槃羯叻拿身上；
这些箭射穿了他的皮肤，
他又把其他的箭支来放。 （6.55.76）

大力的鸠槃羯叻拿，
丢下了罗什曼那，
他径直奔向罗摩，
好像要把大地震塌。 （6.55.77）

把可怕的兵器投出去，
十车王的儿子罗摩；
他射出去了一些利箭，
射中鸠槃羯叻拿的心窝。 （6.55.78）

恶魔被罗摩射中，
一下子猛力向前奔突；
从这发怒的魔王嘴里，
火焰带着煤喷出。 (6.55.79)

装饰着孔雀尾的箭，
射进了他的胸膛；
挥舞在手中的钉头锤，
一下子落到了地上。 (6.55.80)

这大力罗刹注意到
自己已经失掉了兵器；
他就用双拳和双脚，
继续战斗不停息。 (6.55.81)

他身上中了许多箭，
身上被鲜血溅满；
鲜血从身上往下流，
好像小河流下了大山。 (6.55.82)

他直气得暴跳如雷，
鲜血使他发了昏；
他转来转去吞噬猴子，
也把罗刹和熊罴往下吞。 (6.55.83)

这时候虔诚的罗什曼那，

开口对罗摩说了话；
他经常琢磨很多方法，
想把鸠槃羯叻拿来杀： （6.55.84）

"国王呀！他已分辨不出，
哪是猴子，哪是罗刹；
他嗅到血味发了狂，
朋友敌人一齐吞下。 （6.55.85）

让那些勇猛的猴子，
爬到这恶魔的身上；
让那为首的猴子头领，
都围站在他的身旁。 （6.55.86）

这个坏蛋在这时候，
身上驮满沉重的负担，
压得他直往地下坠，
他就不能把其他猴子摧残。" （6.55.87）

聪明的王子这样说，
听完了他所说的话，
猴子头领都愉快地
往鸠槃羯叻拿身上爬。 （6.55.88）

被猴子们层层压住，
鸠槃羯叻拿发了火；

好像坏脾气的大象,
他拼命想把他们甩脱。　　　　　　　(6.55.89)

罗摩看到猴子们被甩,
他想:"罗刹怒气往上涌";
他奋力一下子跳了起来,
抓起了那一张无上的弓。　　　　　　(6.55.90)

他抓起那张弓,
那弓像大蛇一般;
弓弦很坚硬,
真金镶在上面。
他一下子跳起来,
安慰那些猴子;
罗摩非常迅速,
弦上装上箭支。　　　　　　　　　　(6.55.91)

这一个难以战胜的人,
被成群的猴子所围;
大力的罗摩出发了,
罗什曼那在身后跟随。　　　　　　　(6.55.92)

他看到神仙的敌人,
高贵尊严,头顶宝冠;
那大力的鸠槃羯叻拿,
鲜血在全身流满。　　　　　　　　　(6.55.93)

他奋勇冲向前去,
像发怒的方位大象;
他想抓到所有的猴子,
罗刹们围在他的身旁。　　　　　　　（6.55.94）

他像宾阇耶山、曼多罗山,
他装饰着纯金的臂环;
他嘴里流出了鲜血,
好像升起的云彩一般。　　　　　　　（6.55.95）

他身上流满了鲜血,
他用舌头把血来舔;
他粉碎猴子大军,
好像死神阎摩一般。　　　　　　　　（6.55.96）

看到那一个罗刹头子,
像烈火那样光芒闪闪,
这一个人中的英豪,
把那一张劲弓拉满。　　　　　　　　（6.55.97）

听到了弓弦的声音,
这罗刹气得暴跳起来;
他对准了罗摩冲过去,
弦声使他无法忍耐。　　　　　　　　（6.55.98）

他本身就像是

大风吹起的云团;
他的胳臂就好像
蛇王的蛇冠。
他的个子像山,
他猛力冲向前;
罗摩在战场上
对恶魔开了言: （6.55.99）

"过来,罗刹头子!
不要迟迟疑疑;
我手里拿着劲弓,
我就站在这里。
天帝释的敌人!
要认清我罗摩;
一转眼的工夫,
你将失去知觉。" （6.55.100）

他认清了,这就是罗摩,
他怪声怪气地大笑;
好像要让所有的猴子,
都把心往下掉。 （6.55.101）

他的笑声丑恶恐怖,
像是云彩里的雷鸣;
有大威力的鸠槃羯叻拿,
把话说给罗摩听: （6.55.102）

"不要认为我是毗罗陀,
也不是迦槃陀和伽罗,
更不是波林,不是摩哩遮[163],
来的鸠槃羯叻拿就是我。　　　（6.55.103）

你看我这把大锤,
样子可怕,纯铁铸做;
我从前就是使用它,
打败了天神和檀那婆。　　　（6.55.104）

你可千万不要错认:
'他已经没有鼻子和耳朵';
我丢掉了耳朵和鼻子,
一点痛苦也感受不着。　　　（6.55.105）

甘蔗王族虎般的后裔,
请你在我身上显显本领;
你把本领显完了以后,
我再把你吞入腹中。"　　　（6.55.106）

鸠槃羯叻拿这些话,
罗摩听到耳朵里;
他把利箭射出,
箭尾装饰得美丽。
这些箭快似金刚杵,
射到恶魔身上;

这个神仙的敌人，
不痛苦，也不摇晃。 （6.55.107）

这一些利箭，
能射碎娑罗树；
射死过波林，
那个猴子头目。
它们好像金刚杵，
射到恶魔身上；
却是没有办法
把鸠槃羯叻拿射伤。 （6.55.108）

罗摩射出去的箭，
大因陀罗的敌人，
用自己的身体去喝，
好像把流水来饮。
罗摩射箭真神速，
恶魔挥舞起大铁锤，
打碎了这些箭，
大锤快如飞。 （6.55.109）

于是这罗刹，
鲜血流满身；
他吓住天神，
吓住猴子军。
挥舞大铁锤，

大锤快如风；
他突然跑进
猴子大军中。 （6.55.110）

罗摩抓起了
一支婆耶毗耶[164]箭王；
对准了夜游者，
一下子射到他身上。
连同大铁锤，
它把恶魔胳臂射掉；
胳臂被射断，
恶魔大声叫。 （6.55.111）

他那只胳臂，
同山峰差不多；
连同那大锤，
被罗摩的箭射落。
那只胳臂落到了
猴王的军队里；
这一支猴军，
被胳臂打击。 （6.55.112）

有一些猴子，
没有被砸死；
坐在他周围，
垂头意不适。

人主和魔王,
展开大搏斗;
他们旁边看,
身上直发抖。 (6.55.113)

鸠槃羯叻拿,
胳臂被射掉;
好像那山王,
山顶被砍倒。
他用另一只手,
拔起了一棵树;
他奋力奔跑,
冲向这位人主。 (6.55.114)

他那只胳臂,
抓住娑罗树桩,
把它高举起来,
好像蛇冠一样。
罗摩又射箭,
上面装着因陀罗法宝,
还镶着金子,
把这只胳臂射掉。 (6.55.115)

恶魔的这只胳臂,
又被罗摩射落;
一下子掉到地上,

同大山差不多。
胳臂蜷曲起来，
把大树砸垮；
又砸倒了山峰，
砸倒猴子和罗刹。　　　　　　　　　（6.55.116）

罗摩看到了
恶魔胳臂被砍掉，
还是奋力向前冲，
突然喧腾又吼叫。
他又抓起了
两支锋利的箭，
在搏斗中射出去，
罗刹双脚被射断。　　　　　　　　　（6.55.117）

胳臂被射掉，
脚也被射断；
他张开大嘴，
像马嘴一般。
他冲向罗摩，
吼声震天响；
好像那罗睺，
猛冲向月亮。　　　　　　　　　　　（6.55.118）

罗摩射出箭，
魔嘴都填满；

箭上镶黄金,
箭头尖又尖。
嘴里填满了箭,
无法把话说;
他只是叫唤,
一下子昏厥。 (6.55.119)

罗摩又射出,
法宝因陀罗;
样子就同那
阳光差不多。
活像是梵杖,
又像是死神;
箭尾美又美,
飞驶如风云。 (6.55.120)

它就像金刚杵,
尾上黄金镶;
光辉如太阳,
又像火焰一样。
这箭真快速,
像天帝的神杵;
对准那恶魔,
罗摩急射出。 (6.55.121)

罗摩用胳臂

射出的这支箭，
用自身的光辉，
把十方弥漫。
它的样子就像是
没有烟的火焰；
又像天帝的霹雳，
一直飞向前。　　　　　　　　　　　　（6.55.122）


好像大山的峰顶，
魔王的这个脑袋；
在那大嘴里面，
牙齿都呲了出来。
罗摩射碎了它，
上面有美丽耳环挂着；
就好像古时候，
天帝杀死苾力特罗。　　　　　　　　（6.55.123）


罗刹的脑袋，
中了罗摩的箭，
一下子掉下来，
好像大山一般；
它砸碎了城门，
它砸碎了王路；
把高峻的城墙，
也砸得一塌糊涂。　　　　　　　　　（6.55.124）

罗刹的个子，
像雪山一般，
一下子跌进了
茫茫海水里边。
有许多大蛇，
有鳄鱼和大鱼，
被魔王所砸，
仿佛砸进地里。　　　　　　　　　（6.55.125）

这个鸠槃羯叻拿，
婆罗门神仙的仇敌；
他的力量大无穷，
如今在战场上死去。
大地在震动，
群山也动摇；
天上众神仙，
纵声大呼叫。　　　　　　　　　　（6.55.126）

天神和仙人，
大仙和大蛇，
修罗[165]和众生，
金翅鸟和密迹力士[166]，
夜叉和乾闼婆，
都走上了天空，
罗摩的武艺，
使他们高兴。　　　　　　　　　　（6.55.127）

许多猴子们，
兴奋又愉快；
他们的脸上，
好像莲花开。
他们一而再
向罗摩致敬；
力量可怖的敌人，
终于送了命。　　　　　　　　（6.55.128）

这个鸠槃羯叻拿，
曾把神仙大军摧毁；
在大搏斗中，
精力不可摧。
罗摩战场上，
把他送了终，
他心里愉快，
好像天帝屠毒龙。　　　　　　（6.55.129）

《罗摩衍那（六上）·战斗篇（上）》第五十五章终

# 注　释

〔1〕梵文 Śataghnī，兵器名。有的注说，是在石头或圆锥形的木头上钉上铁钉。参阅本译作 5.2.22，注〔38〕。
〔2〕梵文 ayuta，大数名。《翻译名义大集》7701 作"兆"，8054 又作"万"，该书即有矛盾，可见含义之不确切。
〔3〕梵文 niyuta，《翻译名义大集》8056 作"兆（百万）"。
〔4〕梵文 prayuta，大数名。
〔5〕梵文 arbuda，《翻译名义大集》8058 作"梯（万万）"。
〔6〕另一个版本不是"树丛"gulma，而是"城中心地区"madhyamaṃ skandham。
〔7〕梵文 Uttarāphalgunī，二十八宿之一。
〔8〕梵文 Hasta，二十八宿之一。
〔9〕梵文 Airāvata，因陀罗的坐骑大象，神话中方位大象之一，顶住了大地的东方。
〔10〕梵文 Sārvabhauma，大象名，财神的坐骑。
〔11〕梵文 Vegadarśin。
〔12〕梵文 Kesarin，哈奴曼之父，见本译作 4.38.17。
〔13〕梵文 Arka，原系花名，这里是猴子名。
〔14〕参阅本译作 4.38.22。
〔15〕梵文 Prajaṅgha。
〔16〕梵文 Jamba。
〔17〕梵文 Rabhasa。
〔18〕梵文 Sahya，大山名。
〔19〕精校本作 grāhābhyāṃ，疑误，似应作 grahābhyāṃ。

〔20〕梵文 Brahmarāśi，星座名。

〔21〕梵文 Paramarṣayaḥ，意思是"最高的仙人"。

〔22〕这里指的是众友。

〔23〕梵文 Nairṛta，二十八宿之一。

〔24〕梵文 Tāraka，恶魔名。

〔25〕指大海。婆楼那后来变成水神。

〔26〕梵文 Timitimiṅgila。

〔27〕梵文 Maya，一个阿修罗的名字，是群魔中的巧匠。

〔28〕梵文 Kumbhīnasī。

〔29〕梵文 Śaṅkha。

〔30〕梵文 Jaṭī。

〔31〕梵文 Śālmalī，地狱名。

〔32〕梵文 Nikumbha。

〔33〕罗波那的意译。

〔34〕梵文 Vajrahanu。

〔35〕梵文 Rabbasa，参阅本译作 1.27.4。

〔36〕梵文 Suptaghna。

〔37〕梵文 Yajñakopa。

〔38〕梵文 Agniketu。

〔39〕梵文 Durdharṣa。

〔40〕梵文 Raśmiketu，参阅本译作 5.5.20。

〔41〕罗波那的弟弟，在阇那斯陀那林里为非作歹，被罗摩杀死，参阅本译作 2.108.11 等等。

〔42〕梵文 sādhaka。《翻译名义大集》4273 作"修习士"。

〔43〕参阅本译作 2.18.27；4.47.10。

〔44〕指大海。

〔45〕以上这些都是树名，在本译作前面各篇中都分别注释过。

〔46〕梵文 tāla，原意是棕榈，这里是高度的名称。一多罗等于一棵棕榈树的高度。

〔47〕梵文 Saṃkocana。

〔48〕梵文 vyāma，《翻译名义大集》9398 作"托"。

〔49〕梵文 Sālveya。

〔50〕梵文 Vihāra。
〔51〕梵文 Parṇāśā。
〔52〕梵文 Krathana。
〔53〕参阅上面 6.17.23，两首诗几乎完全一样。
〔54〕梵文 Hara。
〔55〕参阅本译作 1.16.18。
〔56〕参阅本译作 4.40.8。
〔57〕梵文 Sahasrākṣa。
〔58〕梵文 Saṃnādana。
〔59〕梵文 Krathana。
〔60〕梵文 Haimavatī。
〔61〕梵文 Uśīrabīja。
〔62〕参阅本译作 3.22.33。
〔63〕梵文 Śatabali。
〔64〕梵文 Śaṅku，《翻译名义大集》8064 作"载"，印度大数名。
〔65〕梵文 vṛnda，印度大数名，不见于《翻译名义大集》。
〔66〕梵文 Sumukha。
〔67〕梵文 Vimukha。
〔68〕这是一种"人民语源学"。哈奴曼，梵文是 Hanumat（单数第一格是 Hanumān），hanu 的意思是"颚"，因而产生了这种解释。
〔69〕梵文 Tārā，猴王的老婆。
〔70〕梵文 Gadgada。
〔71〕梵文注说，指的是图牟罗。
〔72〕因陀罗师傅指的是祈祷主，儿子指的是吉萨陵。
〔73〕梵文 Jyotirmukha。
〔74〕梵文 Hemakūṭa。
〔75〕梵文 Suduradhara。
〔76〕指魔王罗波那。
〔77〕梵文 Vṛtra，恶魔名，因陀罗主要敌人之一，为他所杀。
〔78〕梵文 Bāṇajāla，不知道是什么兵器。
〔79〕梵文 Bhāsvara，兵器名。
〔80〕梵文 kūṭa，《翻译名义大集》5579 作"边橼"。

〔81〕梵文 mudgara，《翻译名义大集》6933 作"锤"。

〔82〕梵文 yaṣṭi，《翻译名义大集》7064 作"命木柄"。

〔83〕梵文 musala，《翻译名义大集》5890 作"碓"。

〔84〕指罗刹。

〔85〕指猴子。

〔86〕指须弥山。

〔87〕指大梵天。

〔88〕参阅本译作《童年篇》注〔72〕。

〔89〕这一首诗含义比较隐晦。印度学者也有不同的解释。有人说，黑女人是死神的使者。

〔90〕梵文 Anala。

〔91〕指须羯哩婆。

〔92〕指维毗沙那。

〔93〕梵文 nāgamālā，树名。

〔94〕梵文 hintāla，一种沼泽地枣树，学名是 Phoenix or Elate Paludosa。

〔95〕梵文 pāṭala，《翻译名义大集》6198 作"灰色"。

〔96〕天帝因陀罗的乐园。

〔97〕梵文 Citraratha，一个乾闼婆的名字。

〔98〕梵文 Nandana，因陀罗的林园。

〔99〕原文作 bhaka，似应作 baka。

〔100〕梵文 koṇālaka，字典上无此字。

〔101〕梵文 Vaiṣṇavapada，梵文注作"ākāśam"。

〔102〕梵文 caitya，《翻译名义大集》7000 作"塔"、"庙"。

〔103〕梵文 Golāṅgūla。

〔104〕梵文 Dhrūmra。

〔105〕一个阿修罗的名字，他是迦叶波和底提的儿子。

〔106〕梵文 Mitraghna。

〔107〕梵文 Tapana。

〔108〕梵文 Vajramuṣṭi。

〔109〕梵文 Aśaniprabha。

〔110〕梵文 Pratapana。

〔111〕梵文 Kṣiprahasta。

〔112〕梵文 bhalla，《翻译名义大集》6100 作"斧刃箭"。
〔113〕意思是牛尾猴。
〔114〕指因陀罗耆。
〔115〕梵文 Vinata。
〔116〕梵文 Sānuprastha。
〔117〕梵文 Ṛṣabhaskandha。
〔118〕梵文 ardhanārāca，意思是"半铁箭"，《翻译名义大集》6097 作"铁舌箭"。
〔119〕梵文 añjalika，兵器名，具体含义不详。
〔120〕梵文 Sattra，苏摩祭之一种，时间长达十天至一百天，由许多婆罗门主祭。
〔121〕意思就是：命运什么都能负担。
〔122〕梵文 Kārtavīrya，即阿周那，被大斧罗摩所杀。
〔123〕梵文 Candra。
〔124〕梵文 Droṇa。
〔125〕梵文 Kādraveya，蛇怪名。
〔126〕梵文 Akampana。
〔127〕原文是 anyonyaṃrajasātena kauśeyoddhūtapāṇḍunā，含义不很清楚。两个印地文的译本都把这一句跳过未译，不知原因何在。
〔128〕因陀罗。
〔129〕一个妖魔的名字。
〔130〕梵文 Amitranāśana，阿修罗名。
〔131〕应为 ṛṣṭi。精校本作 aṣṭi，疑误。
〔132〕梵文 Narāntaka。
〔133〕梵文 Kumbhahanu。
〔134〕梵文 Mahānāda。
〔135〕梵文 Samunnata。
〔136〕梵文 Mādhava，春季第二个月，亦名吠舍佉月。
〔137〕吃死尸的。
〔138〕阿甘波那前面已经被杀，参阅本篇第四十四章。这里是同名的另一个罗刹。
〔139〕梵文 Atikāya。
〔140〕那兰陀伽前面已被杀死。这里是同名的另一个罗刹。

〔141〕梵文 Krauñca。

〔142〕梵文 Sudaṃstra。

〔143〕古代国王名。大神毗湿奴化作侏儒，走了三步，跨过世界，从而夺走了他的王国，交还因陀罗。参阅本译作《童年篇》第二十八章。

〔144〕两个印地文译本都注明指罗什曼那。但是按照梵文原文，应是罗摩。

〔145〕两个印地文译本都把"他"译成了"我"，中间还有脱落。

〔146〕梵文 musuṇḍi，一种兵器名。

〔147〕此处似稍有矛盾。上面 6.48.72 说他已经起身了。

〔148〕梵文 Viśravas，参阅本译作 1.19.17。一个仙人的名字，是补罗私底耶之子，财神爷、罗波那和维毗沙那之父。

〔149〕印度神话中方位大象之一。

〔150〕"老祖宗"和下一颂的"造物主"、"自存物"，都是指大梵天。

〔151〕指的不是祭火。

〔152〕上、中、下三种事情。

〔153〕根据梵文注，指的是：一、行动开始时的手段和措施；二、人力；三、决定地点和时间；四、阻止困难的产生；五、成功。

〔154〕这是所谓人生三要素，在本译作前面曾多次提到。

〔155〕这一颂的含义大概是：实行法和利，今生或来世可以得到报偿；实行爱，则立刻就能够得到好处。

〔156〕梵文 Dvijihva。

〔157〕梵文 Saṃhrādin。

〔158〕梵文 Vitardana。

〔159〕这里指的是毗湿奴。

〔160〕梵文 Vāyuputra。

〔161〕梵文 Guha，指战神或湿婆。

〔162〕梵文 bhāra，重量名，等于 20 tulā，又等于 2000 pala 金子。

〔163〕这些都是被罗摩杀死的罗刹或猴子，参阅本译作前几篇。

〔164〕梵文 Vāyavya，含义是"与风有关的"。

〔165〕梵文 Sura，神仙，是阿修罗的对立面。阿修罗意译"非修罗"，指魔怪。

〔166〕梵文 Guhyaka，一种半神的东西，同夜叉一样，是财神爷俱毗罗的侍从，负责看管财神爷的财富。从名字看来，住于山洞中。